"三分生态系统"家庭教育系列图书

家庭教育，真知道

赵曼云 / 著

家庭教养决定成长力

海豚出版社
DOLPHIN BOOKS
中国国际传播集团

图书在版编目（CIP）数据

家庭教养决定成长力 / 赵曼云著. -- 北京：海豚出版社，2023.4（2024.3重印）
（家庭教育，真知道）
ISBN 978-7-5110-6288-8

Ⅰ．①家… Ⅱ．①赵… Ⅲ．①家庭教育 Ⅳ．①G78

中国国家版本馆CIP数据核字（2023）第031014号

家庭教育，真知道：家庭教养决定成长力
作　　者：赵曼云

出 版 人：王　磊
策　　划：成长家俱乐部
责任编辑：梅秋慧　李文静　白银辉
装帧设计：赵　欣　王艾迪
插　　图：潘蕾磊
责任印制：于浩杰　蔡　丽
法律顾问：中咨律师事务所　殷斌律师

出　　版：海豚出版社
地　　址：北京市西城区百万庄大街24号　邮　编：100037
电　　话：010-68325006（销售）　010-68996147（总编室）
印　　刷：涿州市荣升新创印刷有限公司
经　　销：新华书店及网络书店
开　　本：710毫米×1000毫米　1/16
印　　张：13
字　　数：195千字
版　　次：2023年4月第1版　2024年3月第3次印刷
标准书号：ISBN 978-7-5110-6288-8
定　　价：36.00元

版权所有　侵权必究

推荐序1

家庭教育研究的优秀成果

我在病房看到赵曼云同志《家庭教育，真知道》即将出版的消息，就想写几句话向家长们推荐，但是当时健康状况让我动不了笔。如今一出院，我就匆匆忙忙来写几句。这是因为我认为曼云是个努力用心的人。这套书是她多年从事有关家庭教育咨询、培训等工作经验的结晶。她帮助过的家庭孩子成长的经历，特别是她自己的女儿成长的过程，丰富了她的认识，也验证了她的认识。把这些都总结起来，为更多的家长提供帮助，是一件大好事。

人的成长是一门大学问。简单的几个方法是不够用的，曼云的书名中"真知道"三个字含有深意。希望得到此书的读者能够真下功夫，认真阅读和领会，不负曼云的苦心。

当然，曼云也不可能穷尽有关家庭教育的一切规律性知识。实践无限丰富，实践在不断发展。永远会有许多新的问题等待我们去解决，永远会有许多新的知识等待我们去认识。我相信，曼云的认识也一定会不断地向前发展。

中宣部原常务副部长、中国家庭文化研究会原会长　徐惟诚
2023年2月25日　星期六

推荐序2

种子与土壤

孩子是种子。家庭教育的本质是把种子唤醒。

两千多年前,"西方的孔子"苏格拉底发现了这个秘密。他的母亲是一个接生婆,在母亲接生的过程中,他发现:孩子原本就在妈妈的肚子里,接生婆只是把孩子接出来,让人们看到孩子。每个孩子都是完整的,他们是带着生命的潜能来到这个世界上的,成人的任务就是唤醒孩子的潜能。正如苏格拉底所说:"每个人身上都有太阳,只是要让它发光。"爱尔兰诗人叶芝有句名言:"教育不是注满一桶水,而是点燃一把火。"家庭教育的本质正是要把种子唤醒,让他心中的太阳发光发热。

家庭是土壤。父母的责任是为种子提供有丰富营养的土壤。

真知道什么是爱的父母,才能打造出一片适合孩子成长的爱的土壤,从而让爱的种子生根、开花、结果,长成爱心大树。

不知道什么是爱的父母,只能给孩子一片贫瘠的土壤,让生命的种子干瘪,让爱的情感消失,最终长成恨的大树,结出恨的果实。

如何营造出爱的土壤?这是所有的父母期待回答的难题。

曼云用心写的这套《家庭教育,真知道》,为广大家庭该如何营造爱的土壤,提供了行之有效的方法。正是这种方法,让她拥有了知心的女儿和幸福的家庭。

曼云是我的学生，也是我的同事，更是我的朋友，我们在一起做"知心姐姐"的工作已经有多年了。曼云非常爱学习，她总是充满热情地在学习新的东西。她性格开朗、乐观，是一个才华横溢、善于表达的女孩。

这些年来，曼云努力地研究家庭教育，曾写出了很接地气的书《好妈妈，真知道》，这次又出新作《家庭教育，真知道》。她那种逼着自己学习研究的精神是难能可贵的。

仔细阅读这套书，我的心中一直涌动四个字：种子·土壤。

一颗好的种子，究竟需要什么样的土壤呢？家庭又该如何营造这样的土壤呢？书中提出了很好的建议。

曼云身为一位母亲，在多年的儿童青少年心理学研究和家庭教育实践中，她发现孩子的成长问题都可以从"身""心""育"三个方面进行解读。

好的土壤要具备三个条件：

条件一：宽松

生命的成长需要雨露。雨露能让土壤变得松软。

"身"作为生命的载体，需要宽松的环境。板结的、没有空气的土壤，是培育不出好的种子的。农民知道给种子松土，让种子有自由成长的空间。父母更需要给孩子创造出宽松和谐的生长环境。宽松是成长的雨露。

曼云说得好："孩子从小就拥有一个能让他轻松发言、充满好奇心、勇于试错、父母无条件爱他的环境，成长的道路才会是宽敞的。这样的父母才能帮助孩子成为一个积极有爱的人，一个拥有正确的价值观的人，一个人格健全的社会人。"

她说得好，也做得好。

她的女儿欣欣，是我的"忘年交"。十二年前欣欣出生时，我就去医院看过她。她是个早产儿，出生时才四斤多。乐观的妈妈、负责任的爸爸以及爷爷奶奶、姥姥姥爷用爱哺育着她、养育着她，给予了她十分宽松自由的成长环境，使欣欣从小就拥有乐观心态，敢说敢做。每年来我家玩，都会滔滔不绝地讲她们班里的"小破事儿"，常常讲得我捧腹大笑。曼云在旁边不停地拍着视频，默默地在支持着孩子尽情表达。

在这套书里，我最爱看的就是"欣大侠的小故事"。一个孩子能够敞开心怀诉说自己心中的快乐与烦恼，是可喜可贺的。没有宽松的家庭环境，孩子是不可能有这种性格的。

条件二：陪伴

生命的成长需要阳光。阳光的陪伴让土壤变得温暖。

"心"作为感受世界的器官，需要有温度的陪伴。没有人陪伴的种子长不好，没有人陪伴的孩子，心灵的世界永远有缺陷。陪伴是成长的阳光。

爱是需要表达的，只有陪伴孩子，孩子才能接受这种爱的表达。唤醒孩子不靠说教，靠身教。孩子从小不仅听父母说，还会看父母做，才会把做人做事的道理记在心里，变为自己的行为。

曼云长大成人后还没有忘记父亲、母亲对她说的话和为她做的事。她一直记得父亲曾告诉过她"工欲善其事，必先利其器"。父亲还曾委托老朋友从东北买了松木，请木匠给女儿打了一个宽大的写字台和两个结实的书柜。父亲这种严肃认真的态度，让女儿不得不把读书学习看作一件很重要的事。言行有度的父亲，用自己的言行在女儿心中埋下爱读书爱学习的种子。

父母的话，能让孩子一辈子记得住，忘不了，用得上，这才是真正的家庭教育。

曼云总结得很好："孩子因为父母的言行而感到安全、自由，在做事的过程中就显得更加大胆、独立，有信心；孩子因为父母的爱而心情愉悦，充满幸福感，面对父母时就能充分表达自己内心的感受；孩子因为父母的爱而感到被支持，有足够的空间自我探索，且对未来充满希望。"

所以，父母如果能够做到与孩子心与心的沟通，那么在孩子的征途中一定不会缺位。童年时你用心陪伴了孩子，当你变老时孩子也会用心陪伴你。

陪伴孩子时不能忘记尊重、接纳、平等、合作。切不可高高在上，打着"我爱你"的幌子，把爱变成伤害。当前有五种爱对孩子的伤害最大：

溺爱，让孩子变得无情；

替爱，让孩子变得无能；

骂爱，让孩子变得懦弱；

霸爱，让孩子变得卑微；

乞爱，让孩子失去尊严。

条件三：规则

生命的成长需要肥料。肥料让生命长得强大。

美国前总统罗斯福说过："有一种品质，可以使一个人在碌碌无为的平庸之辈中脱颖而出，这个品质不是天资，不是教育，也不是智商，而是自律。"

孩子不自律是本能，让孩子自律是本事。与其下功夫管孩子，不如让孩子学会自己管自己。管好自己就能飞。

管理自己，首先需要懂规则。

一个孩子只有懂得什么事该干，什么事不该干，才能在这个世界上生存。如果想干什么就干什么，一定被撞得头破血流。放手不等于放纵，自作必须自受。一个孩子从小能够对自己的行为负责任，才能成为有用的人。

"一个和谐稳定的家庭，必定是一个有规则的家庭。"曼云在书中提出家庭规则制定的"三要素"也是值得借鉴的：

第一，符合家庭成员共同利益，简单明了适用；第二，良好的关系是制定家庭规则的基础；第三，家规要有利于促进家庭关系良性发展，家庭成员要共同遵守。

父母要让孩子从小知道人生的红线不能触碰。如吸毒、赌博、欺诈、骗人、奢靡、贪婪、偷窃、假公济私……一点儿不能沾。

父母给孩子讲规则，就是给种子施肥。

孩子只有具备很好的规则意识，才能让童年生活在有序中保持规则，形成属于他们的乐趣；

孩子只有具备很好的规则意识，才能体会到生命的成长，感受到童年的价值，收获到属于自己的未来。

父母的一言一行、一举一动都是孩子模仿的内容，都是孩子的重要环境。你的恰当言行就是规则最好的体现，如同春雨无声，滋润万物。在家庭生活中，父母要求孩子做到的，自己首先要做到、做好，父母要将遵守规则当成一个习惯。

当规则意识深深地镌刻在一个人心灵的碑石上，当责任感自然而然地践履于个人的行动中，他就感觉不到规则的约束，感到的是义不容辞和责无旁贷。于是，自律也就形成了，精神的自我完善也就水到渠成了。

好种子需要好土壤，好孩子需要好家庭。好家庭需要好父母，好父母需要好孩子。

真知道这些道理，家庭教育就做好了。

知心姐姐　卢勤

目录 CONTENTS

推荐序1　家庭教育研究的优秀成果 / Ⅰ
推荐序2　种子与土壤 / Ⅱ

冲突篇　解决矛盾，化冲突为成长的契机

　　第一章　直面竞争，看清冲突的本质 /003
　　　　　　曼云会客厅 /004
　　　　　　　　点对点，真知道 /004
　　　　　　是什么 /005
　　　　　　　　唇枪舌剑只是冲突的表面 /005
　　　　　　　　冲突的本质是利益的交锋 /006
　　　　　　　　处理冲突的五种类型 /008
　　　　　　为什么 /010
　　　　　　　　直接诱因 /010
　　　　　　　　间接诱因 /012
　　　　　　怎么办 /015
　　　　　　　　冲突管理类型——竞争型：高自己、低他人 /015
　　　　　　　　解决竞争型冲突的三种策略 /017
　　　　　　　　竞争型冲突的内核是"控制" /019

家庭冲突中没有赢家/019

欣大侠的小故事/021

我想与您分享/024

第二章 回避型、顺从型与妥协型——非正面交锋的三种冲突管理/027

曼云会客厅/028

点对点，真知道/028

是什么/029

冲突管理类型——回避型：低自己、低他人/029

冲突管理类型——顺从型：低自己、高他人/033

冲突管理类型——妥协型：各让一步/034

为什么/036

回避型冲突产生的原因/036

顺从型冲突产生的原因/037

妥协型冲突产生的原因/037

怎么办/038

回避型：建立充足的安全感/038

顺从型：鼓励孩子发现真正的自我/039

妥协型：不要总是单方面让步/040

欣大侠的小故事/044

我想与您分享/046

第三章 协作与跨越，像剥洋葱一样层层化解冲突/047

曼云会客厅/048

点对点，真知道/048

是什么/049

冲突管理类型——协作型：高自己、高他人/049

为什么/052

　　冲突的积极意义/052

　　父母的冲突管理模式会成为孩子的"榜样"/053

　　冲突管理模式在家庭中的潜在影响/053

怎么办/055

　　基于兴趣和利益的IBR方法/055

欣大侠的小故事/064

　　我想与您分享/065

教养篇　教养是受欢迎的家庭名片

▶ **第四章　行为习惯——你如何成为今天的自己/069**

　　曼云会客厅/070

　　　　点对点，真知道/070

　　是什么/071

　　　　从"衣着"看教养/072

　　　　从"用餐"看教养/073

　　　　从"居住"看教养/074

　　　　从"行为举止"看教养/074

　　　　从"语言"看教养/075

　　　　从时代发展看教养/076

　　为什么/078

　　　　在家庭教育中要重视教养/078

　　　　好的家庭教养是父母给孩子的无形财富/078

　　怎么办/079

　　　　家庭规则是教养的指南针/079

欣大侠的小故事/084

我想与您分享/086

第五章　与人相处——从自我到他人模式的学习型延展/089

曼云会客厅/090

点对点，真知道/090

是什么/091

为什么/092

人际交往能力是社会生存的必备技能/092

良好的教养是社会交往的加分项/094

怎么办/095

尊重他人，是最温暖的礼仪/096

换位思考能体现一个人的教养水平/097

不给孩子的人际交往过度设限/097

在社会情境中学习交往/099

从"三分"角度培养孩子的教养/100

欣大侠的小故事/104

我想与您分享/106

第六章　榜样力量——教养是一种家庭生活方式/107

曼云会客厅/108

点对点，真知道/109

是什么/110

为什么/111

怎么办/112

停止敌意，为孩子与世界和解/112

行胜于言，用行动影响孩子/114

理解并接纳，良好的亲子关系可以相互成就/116

良好教养是示范榜样的力量/118

教养是家庭的名片/119

终身学习是一种生活方式/121

欣大侠的小故事/124

我想与您分享/125

品格篇　好品格助力孩子赢在未来

第七章　跨越挫折是提升能力的契机/129

曼云会客厅/130

点对点，真知道/130

是什么/131

为什么/132

挫折感会带来破坏性/132

了解挫折反应的内在机制/134

怎么办/135

把挫折视为提升能力的契机/135

感受并接纳孩子因挫折感带来的情绪/137

攻击性也是情绪的表达/138

帮孩子有机会表达挫折感/139

欣大侠的小故事/143

我想与您分享/145

第八章　迎接挑战——应战是经验积累的条件/147

曼云会客厅/148

　　　　点对点，真知道/149

　　是什么/149

　　　　"三分"视角理解挑战的来源/150

　　为什么/152

　　　　挑战无处不在，面对挑战的品格各有不同/152

　　　　每一次接受挑战都是学习成长的机会/153

　　怎么办/155

　　　　父母的示范是最好的榜样/155

　　　　提升自我效能感，更容易接受挑战/157

　　　　制定小目标，减轻压力/157

　　　　接受挑战的同时，准备好接受失败/158

　　　　接受了挑战，就全力以赴/161

　　　　刻意挑战，主动出击/162

　　　　完成挑战，总结复盘/163

　　欣大侠的小故事/164

　　　　我想与您分享/166

▶ 第九章　抵制诱惑是避免危机发生的利剑/169

　　曼云会客厅/170

　　　　点对点，真知道/171

　　是什么/172

　　　　诱惑的本质/172

　　　　物质诱惑和精神诱惑/173

　　　　抵制诱惑的品格/174

　　为什么/174

　　　　诱惑反映内心的欲望/174

　　　　诱惑无处不在/175

怎么办/177

　　身：诱惑是个系统，要识别背后的风险/177

　　心：给心灵留点间隙，和欲望和解/180

　　育：遵循道德的指引/182

　　品格的力量/183

欣大侠的小故事/184

　　我想与您分享/186

冲突篇

解决矛盾，化冲突为成长的契机

冲突是持相反观点或原则的人之间活跃的争论。这个概念表明当两人或多人的观点有矛盾时，冲突就发生了。家庭中有夫妻关系、亲子关系等，不同的人之间可能会产生不同观点，发生矛盾在所难免。

歌德在《浮士德》中写道："生命在于矛盾，在于运动，一旦矛盾消除，运动停止，生命也就结束了。"因此，矛盾并不是负面词汇，它可以是积极的。比如在一个充满活力的家庭中，家庭成员会一起面对不断出现的矛盾，并在解决矛盾的过程中推动着生活的发展。

冲突每天都有可能发生，如果在一个家庭中，父母总是暴力解决问题，那孩子可能会因为害怕面对冲突而尽量避免；如果父母总是牢牢掌握决定权，孩子很可能会因为不抱希望而选择回避性行为。由此可见，能够正确解决矛盾的家庭，家庭成员可以从中获得丰富多样的体验，一路携手向前；不会处理冲突的家庭，有可能会把矛盾打成死结，形成难解之题，久而久之，影响家庭成员之间的关系。

这就是在家庭教育中学习处理冲突的重要意义。父母的相处模式，不仅影响到当前问题的解决，更会影响到孩子未来处理冲突甚至处世的方式。

因此，在本书的第一篇，我们一起来看看，在家庭中如何正确有效地处理冲突。

在处理家庭冲突的时候，人们的表现各不相同。有些人选择息事宁人，有些人选择敬而远之，也有些人选择斗争到底。第一章，我们将了解冲突产生的原因，以及处理冲突的几种类型，并将重点讲述竞争型冲突。第二章和第三章，将分别从处理冲突的过程中人们常用到的四种方式（回避、妥协、协作、顺从）入手，并给出正确处理冲突的方法。

第一章

直面竞争,看清冲突的本质

曼云会客厅

我闺女叶子（12岁）老是因为一些小事和我闹别扭。前天她刚和我吵了一架，原因竟然是我让她多喝水。

我觉得她简直是无理取闹！

我之前看到过别人分享的一篇文章，文章里说，人一天要喝八杯水才能保证身体的健康。于是，我就每天监督她按时喝水。

我明明是为了她好，可她却一点儿也不领情。就为这么点儿小事，她天天和我吵架！

我闺女说她每天不想喝那么多水，如果实在要喝，也不想喝没有味道的白开水。

我每天也在坚持喝八杯水，其实这个量根本不多。况且，我家的杯子也不大，就是一般的马克杯，分成几次喝，哪有那么费劲？！

再说了，外面卖的饮料大都糖分含量超标，还有添加剂，对身体实在不好，她现在小小年纪也不适合喝咖啡、茶那些东西，不喝白开水还能喝什么？我看她就是找借口，想喝那些加了工业糖精的甜水。

现在，我叫她喝杯水跟要了她命似的，成天推三阻四，我见了就来气。

说到底，我还不是为了她的健康着想，这孩子怎么这么不懂事呢？

——来自刘女士的分享

💡 点对点，真知道

◎身：很多家庭中的冲突都是由类似喝水这样的生活小事引起的。让孩子喝白开水，让孩子吃健康的食物，让孩子早睡早起等，从父母的角度出发，这些行为都是为了孩子的身体健康着想，希望他们养成良好的生活习惯。

◎心：并不是所有正确的事情大家都能心甘情愿地去做。我们都知道饮料、油炸食物对身体不好，但还是很容易被这些美味所吸引。但刘女士显然没有理解孩子真实的需求，简单直接地将这种行为定义为"找借口"。

◎育：刘女士和女儿之间因为喝白开水而产生的冲突，就像一场求胜的战争。当父母和孩子意见不一致时，除了"非得听我的"和"就不听你的"，还有一种结果是通过制定令人信服的目标达到双赢的目的，比如通过科普视频和小实验告诉孩子人体为什么需要水，商量一种可以实现的健康饮水方式等，这就需要处理冲突的智慧了。

是什么

唇枪舌剑只是冲突的表面

每个人在生活中都会遇到冲突。

一天，15岁的兰子又跟妈妈吵起来了，一旁的爸爸看见了，赶忙跑过去劝架。

爸爸："哎哎哎，你们俩快别吵了，有什么事不能好好说？"

兰子："这事没法好好说！她这人简直莫名其妙！"

妈妈："什么叫我莫名其妙？我看你才是不可理喻！"

爸爸："怎么又吵起来了，你们俩都消消气，消消气！"

妈妈把矛头转向爸爸："你少在这儿和稀泥！你一天到晚不着家，女儿的事你都不管，现在都出大事了，你还在这儿当老好人！"

兰子："哎，什么叫'出大事了'，我出什么大事了？"

妈妈："出什么大事你自己心里清楚，我都听你同学妈妈说了，一天到晚不好好学习，净给我惹事！"

兰子："你从哪儿道听途说的，怎么我自己都不知道！爸，我妈要是这么冤枉你，你能不跟她吵吗！？"

爸爸："……"

这种场景你有没有觉得眼熟？

冲突是我们人生这场大戏的常驻角色，逃不开，避不掉，既然它总要跟我们相伴，那你我就有必要掌握和它打交道的诀窍。

事实上，冲突绝不只是表面上看到的唇枪舌剑，在冲突的背后有着更深底层的交锋。

正如文中提到的这一家三口，旁观者仅从对话中很难看出吵架的具体原因，但冲突确实发生了。这是因为，所有家庭成员之间的吵架会不自觉地夹杂着"过去的故事"及"现在的怨气"。比如，妈妈说"你一天到晚不着家"，明显是借和女儿吵架的过程来表达自己对丈夫不顾家的不满；女儿说妈妈"莫名其妙"，说明兰子接收到的是妈妈的不良情绪，而不是对方想表达的具体内容，也反映出在平时的沟通中，妈妈经常出现类似情绪化的表达；爸爸"和事佬"式出场和最后的沉默，表明他并不认同母女俩的沟通方式，但又无力改变她们，只能选择一种无声的对抗。

所以，一次唇枪舌剑可能只是表面现象，只有读懂其背后各方的潜台词，才能找到冲突的根源，有效地解决矛盾。

冲突的本质是利益的交锋

冲突到底是什么？

是人与人之间的性格不合、意见相左吗？

是事件发生的时间、地点、场合不合适吗？

还是说，冲突本身就是一场不幸的事故，没有人会想要它发生，只是你倒霉碰上了？

都不是。

说到底，冲突的本质是利益的交锋。

这句话里面的"利益"可以包含很多方面。

"利益交锋"有可能因思想观念的斗争而起，也有可能因经济利益引发，比如房地产开发商因市场不好而降低房价后，降价前购房的一些业主跑去售楼处抗议；还有可能由于情感、劳动付出的多寡引起，比如情侣间、家庭成员间的争吵；等等。

在日常生活中，当他人和自己的想法、做法有区别时，人们基本会抱有比较宽容的态度，可当这种差异与自己的利益紧密相关时，人们就难以泰然处之了。

比如，在排队时遇到有人插队的情况，你很少会看到插队者前面的人回过头来跟插队者争执。归根结底，还是因为队伍前面的人的利益没有受到损害。那些指出插队者不守规矩、不讲公德，甚至因此与插队者吵起来的，基本上都是排在插队者后面的人，因为插队者侵犯了他们的利益。

家庭内部冲突也逃不了同样的内部逻辑。

当爸爸和妈妈为谁做家务而吵架时，坐在一旁玩游戏的孩子只会觉得这两个大人格外吵闹。

但是，如果父母发话说家务劳动人人有责，从今天起一家三口每个人都有任务，必须各司其职，那孩子肯定就会对家务分配格外上心，绝对不会放弃自己的话语权。

有人会说，亲人之间哪来的利益交锋，父母都是因为爱孩子，才会为他们操那么多心。

父母对孩子的爱当然毋庸置疑。但人们并不会因为有爱而不产生矛盾，日常生活中，亲子双方往往会因为在同一件事情上的不同诉求而引发冲突。

比方说，孩子希望多玩、少学习，而父母则希望孩子少玩、多学习；孩子希望放假时能一觉睡到自然醒，父母则希望孩子即使在假期里也要生活规律，早睡早起。

如果去掉了表层的情感装饰，这些很常见的冲突点的背后也不过是利益双方的角力。

不信你看，如果孩子能够在假期里保持正常作息，这样在开学前几天，你就不用想办法帮孩子"倒时差"，早上也不用担心叫不醒惯了熬夜生活的孩子。

以此类推，如果孩子能够主动学习，你就不用花时间盯着了；如果孩子愿意把更多心思花在学习上，考个好成绩，那么你就不用为未来孩子考不上好大学、找不到好工作担忧了；如果孩子能够在小的时候就做好自我管理，以后获得更好的发展，这样你也就不必到了晚年还要为孩子操心，以至于无法享受退休后的悠闲生活。

所以，不管是什么类型的冲突，究其本质，都是双方利益的较量。

看到这里，可能仍会有不少父母的第一反应还是"我还不都是为了孩子好！"，并不认为冲突的发生和利益攸关。

我能理解他们的心情，张口闭口都是利益，难免会显得不近人情，可只有这种客观的思考方式，才能让我们从冲突的旋涡中重新找回理智，找到冲突发生的真正原因。我们只有以理性的头脑冷静思考，才能从各类纷繁嘈杂的情绪干扰音中听清自己内心的本音，搞清楚自己真实的需求和想要维护的利益到底是什么。

处理冲突的五种类型

每个人面对冲突时的反应都不尽相同。有的人逞凶斗狠，嘴里念叨着"不要么，上就成了""我虽然不能解决冲突，但我可以解决制造冲突的人"；有的人一边想着"忍一时风平浪静，退一步海阔天空""莫生气，气坏自己无人替"，一边默默调头，避免正面交锋；也有人试图在冲突的旋涡中找到一个平衡点，争取一个双方都满意的结果。

虽然千人千面，但人们的反应大致可以分为五类，即竞争、回避、妥协、协作和顺从。我们可以从美国西肯塔基大学的管理学教授阿夫扎卢尔·拉希姆，在美国《管理学会期刊》上发表的一篇题为《处理人际冲突管理类型的测量》的文章中得到解答。

在文章中，他用五个独立的冲突风格量表，对处理人际冲突的各种方式进行了研究。

他按照人们对自己和他人关注程度的高低，也就是合作性和独断性的程度，把人们处理人际冲突的管理类型总结为5种：

·竞争型（Competing）：在冲突中表现为独断性高，合作性低。

·回避型（Avoiding）：在冲突中虽然很少表达自己的意见，但态度上却表现为不合作。

·妥协型（Compromising）：在冲突中会适当地表达自己的观点，并保

持中等态度的合作方式。

·协作型（Collaborating）：在冲突时比较坚持己见，也高度认同对方并采取合作态度。

·顺从型（Accommodating）：在冲突时会降低自己的主张，合作态度明显。

为什么

导致冲突的原因有很多，大致可以分为直接诱因和间接诱因两大类。

📖 直接诱因

冲突往往是通过一件或者多件事情引发的，冲突双方坚持各自的观点、争取自己的权利，于是就有了"公说公有理、婆说婆有理、孩说孩有理"的现象。这些事情就是引发冲突的直接原因。家庭冲突最常见的4种直接原因是批评、要求、拒绝和累积的烦恼。

原因一：只有批评

娜娜的妈妈之前很少夸奖女儿，不管娜娜做什么，妈妈都能用"鸡蛋里头挑骨头"的态度批评。

娜娜放假时看个电视，妈妈就会在旁边嘀咕"不是看电视就是玩手机，你这眼睛早晚得近视。"娜娜新买了件衣服，妈妈也看不惯，"成天心思都不在学习上，穿这种奇装异服，一点儿学生的样子都没有。"好不容易有一次娜娜语文考了95分，妈妈看了卷子第一反应却是"这5分是怎么扣的？你要是听我的话，考试前好好复习，不就能少丢几分了吗？"

被批评得多了，娜娜觉得妈妈就是看自己不顺眼，所以之后妈妈只要一说话，娜娜要么直接怼回去，要么摔门就走，凡事都跟妈妈对着干。

人都希望被肯定，父母一味地指责并不能纠正孩子的错误，反而会打击孩子的自信心，破坏亲子关系。

原因二：极端要求

乔乔的妈妈对儿子的要求是又多又严格。比如：不能吃垃圾食品，不能喝冰水；

晚上十点前必须入睡，周末或节假日也不能熬夜；

学习时要全神贯注，每天必须练习三个小时的小提琴；

单独外出时，每隔一个小时就要给妈妈发一条信息

……

久而久之，乔乔感到与妈妈生活越来越窒息。

父母提出不合情理的极端要求，很容易激起孩子的叛逆情绪，最终引发冲突。

原因三：总是拒绝

咚咚的妈妈没上"T.E.S."父母成长课之前总是习惯拒绝。

咚咚想要玩手机游戏，妈妈说："不行！手机能帮你提升成绩吗？做卷子去！"

咚咚想要和同学一起出去玩，妈妈说："你们出去能玩啥，还不是做些吃吃喝喝无聊的事情，不能去！"

咚咚做作业时不希望妈妈总在旁边盯着，妈妈说："我还不知道你，一眼没看住你就走神，等你什么时候把成绩提上去再说吧！你要是能自己管好自己，我还省心了呢。"

自己的请求总是被妈妈严词拒绝。终于有一天，咚咚忍不住爆发了，对妈妈吼道："你就不能让我自己做一回主吗？"

拒绝的本质是控制和忽视，如果父母只关注自己的权威，完全不在乎孩子的想法，那么孩子不是在长期被拒绝中沉默，再也不表达自己的真实想法，就是在某一刻完全忽略父母的意见，突然爆发。

原因四：累积的烦恼

优优的妈妈坚信"吃亏是福"，总是让自己的女儿让着别人。表弟来串门时，穿着鞋在优优床上乱蹦，妈妈却说表弟还小，让优优忍一忍算了。姑妈在打牌的时候，随口调侃优优，说她身上见不到二两肉，长得像竹竿，优优不太高兴，妈妈却说姑妈是长辈，优优不应该计较。在学校里，坐在后桌的同学总是揪优优的头发，优优回来后告诉妈妈，妈妈说这是同学跟她闹着玩呢。这一次，优优不但没有听妈妈的话，还和妈妈大吵了一架。

小小的烦恼累积起来时，就可能会在某一天变成大大的愤怒。你可能已记不清从什么时候开始都有哪些事情让你烦恼，但是你对这些却不得不忍受。当你终于忍不住时，可能对方的随口一句话都会成为冲突爆发的原因。而对方则感到莫名其妙，满心委屈。

多年来，走进我的咨询室的人，不论是父母还是孩子，我发现他们大都是来找我"评理"的。很有意思的是，挑起冲突的那个人往往是捍卫自我权益的绝地反击者。

间接诱因

为家庭冲突而苦恼的人，通常会把家务谁做得少、孩子作业没有按时完成、孩子玩网络游戏时间过长等客观事件当作引发冲突的全部原因。但当我们

第一章 直面竞争，看清冲突的本质

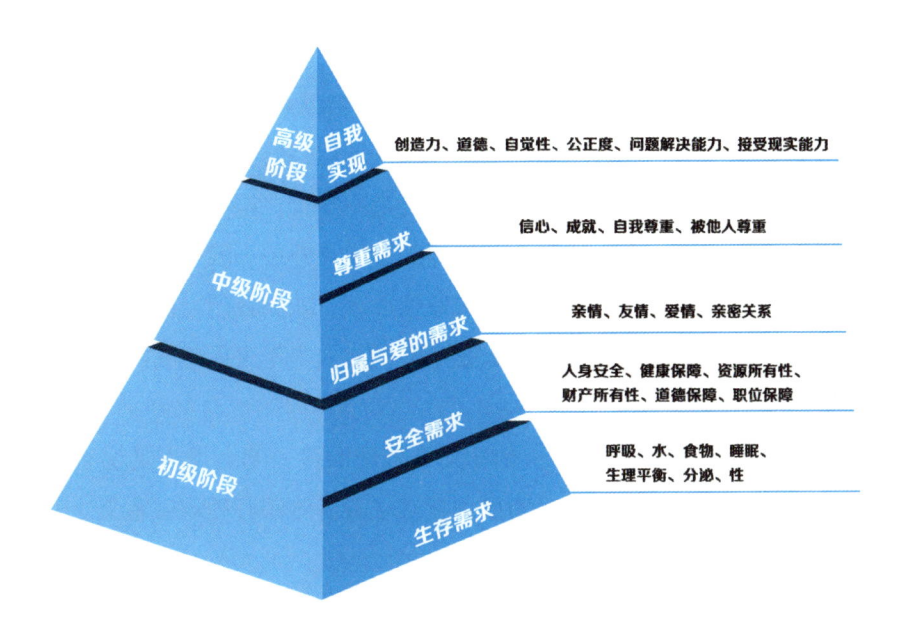

```
金字塔图：
高级阶段
  自我实现：创造力、道德、自觉性、公正度、问题解决能力、接受现实能力
中级阶段
  尊重需求：信心、成就、自我尊重、被他人尊重
  归属与爱的需求：亲情、友情、爱情、亲密关系
初级阶段
  安全需求：人身安全、健康保障、资源所有性、财产所有性、道德保障、职位保障
  生存需求：呼吸、水、食物、睡眠、生理平衡、分泌、性
```

像打小怪兽一样一件件解决了当前的客观事件后，却发现矛盾并没有因此而解决，反而层出不穷，让人疲于应付。

这是因为，人的心理需求才是引发冲突的核心，它们是冲突的间接诱因，通常隐藏在表面能看得到的利益下面。

美国著名的社会心理学家亚伯拉罕·哈罗德·马斯洛，提出了需求层次理论，把人的需求分为五级。马斯洛认为人首先要满足生存、安全的需求，接下来是归属、爱和尊重的需求，最后是自我实现的需求。

拨开矛盾事件的面纱，你会发现，家庭成员之间产生分歧的原因和动机、感知、认知、愿望、价值观等心理层面有关。这些分歧看起来似乎微不足道，却经常成为爆发冲突的导火索。

首先是生存和安全的需求。

学会走路是孩子生长发育的基本需求。一个蹒跚学步的孩子需要通过控制身体来保持平衡；他会不断地跌倒再爬起来，用摔跤来获得经验。通常父母担心孩子会受伤，或多或少地都会帮助他们以避免摔倒。在这个过程中，因父母担心的程度不同，他们给予孩子的自由空间也不同。并且，父母会认为自己对孩子的限制非常有必要。

比如，我先生对"安全"的感知是"不安全就是危险"，为了不让女儿欣欣处于危险的境地，他对欣欣的自由行动表现得高度紧张，于是就产生了冲突。从担心欣欣走路摔跤到担心她独自坐电梯不安全，担心她自己和同学出去会遇到危险，担心她一个人乘坐公共交通会发生意外……我先生这种对安全的担忧会一直和孩子自主探索世界的需求发生冲突。如果我用自己对孩子成长的认知去指责爸爸过于束缚孩子，那么就是在挑战他多年来形成的经验，也会发生冲突。

安全需求表现在生理层面时多是父母想确保孩子的人身不受伤害，也有心理意义层面的。比如，被家暴的孩子就遭受着身体和心理双层意义上的安全威胁。

其次是对爱和尊重的需求。

成年人往往把个人尊严看得很重，可是许多家长都忽略了一点，那就是孩子也是要面子的。很多家庭内部矛盾的根源就是孩子觉得自己没有得到应有的尊重。

比如，一个青春期的孩子，经常被父母查看私人物品或者手机；父母跟老师谈话后恨铁不成钢，口不择言地教训孩子；孩子想打游戏时，父母总是反复制止，甚至采取断网和没收手机的强硬手段。这时，孩子会感受到自己的私人空间被侵犯，没有得到父母的尊重。这种感受和父母想了解孩子的一切、要求孩子服从的需求之间发生了碰撞，以致引发了冲突。

最后是人们对自我实现的需求。

人们追求实现自己的潜能并使之得到完善，这就是自我实现的需求。每个生物都有生存的需求，但是只有人才具备自我实现的高级需求。

当自我实现的需求被满足时，人们会感到自己有价值，内心会产生满足感。但每个人对自我实现的认识是不同的，所以当一个人用自己的价值观去评判他人时，就会引发冲突。

比如，有些父母会认为一天不学习就是在虚度光阴，而孩子认为学习很辛苦，能完全放松一天是必要的缓冲。有些父母则觉得只有学习最重要，其他都是可有可无的，那么孩子在学校交不到朋友的苦恼就不会被父母理解。有些父母认为上大学选专业应该以就业前景好为前提，孩子则希望选择自己喜欢的领域，只有这样才能施展自己的抱负。

自我实现的需求成为冲突的诱因时，人们很难察觉。当你听到了一个和冲突有关的故事时，通常会习惯性地把目光盯在谁对谁错上。这些心理需求往往容易被表面事件所掩盖，让处在冲突旋涡中的当事人很难察觉到。

正因如此，你需要格外留意，才能挖掘出冲突背后的真正原因。

怎么办

同样是面对冲突，竞争型、回避型、妥协型、协作型、顺从型冲突管理都有不同的典型表现。你是哪种类型？孩子和配偶及其他家人分别是哪种类型？面对不同类型的冲突管理时，你该如何应对？详细了解并"对症下药"可以帮助你有效地解决矛盾。

本章先重点解读竞争型冲突管理，其余四种分别在第二章和第三章展开。

冲突管理类型——竞争型：高自己、低他人

在竞争、回避、妥协、顺从、协作这五种类型中，竞争型冲突最为常见。这种类型的特点是独断性高、合作性低。冲突双方都高度关注自己的权利而忽视对方的观点。他们的处理方式表现为高自己、低他人。

这种类型的人追求在冲突中"获胜"，他们衡量胜利的标准是对方做出让步、接受自己的观点。

洋洋今年15岁，是独生女。洋洋妈妈是一家外企的高管，收入较高，性格要强，生活简单节俭。洋洋爸爸在社区工作，工资不高，很容易满足，喜欢享受生活。

妈妈觉得女儿已经长大了，零花钱不能太多，应该学着管理金钱并做好规划，不能想要什么就向父母要。爸爸则觉得洋洋并没有乱花钱，和朋友们出去要花钱，偶尔要买点儿什么东西也需要花钱，哪能算这么清楚。反正孩子要的金额又不大，要求也不过分，没有必要在这方面过于较真。

妈妈坚持自己的教育理念是对的，因为她认为克制和约束是孩子成长过程中至关重要的因素。她认为洋洋爸爸只知道一味地放纵女儿，在教育上不仅不帮忙，还拖自己的后腿。为此，妈妈多次批评、指责爸爸，希望他能做出改变，跟自己站在统一战线上。

另一边，爸爸对妈妈的教育理念不屑一顾，认为她在女儿零花钱上做文章完全是小题大做、太过苛刻，所以无论妈妈说什么，女儿只要提要求，他就会满足，我行我素。被洋洋妈妈指责时，他会直接据理力争，毫不客气地怼回去。洋洋妈妈若因此生气或者批评孩子时，他也会试图说服妻子不要这么焦虑，放松一点儿，孩子大人都好过。

你看，夫妻俩拉锯的过程就是典型的"竞争型"冲突。在冲突中，拉锯的双方都想要说服对方按自己的观点行事，都想要取得最终的"胜利"。

解决竞争型冲突的三种策略

解决竞争型冲突的方式并不仅限于可以看见的针尖对麦芒的强制性策略，还包括当事人对于权力的使用及非强制性策略这两种。

策略一：非强制性策略

冲突一方会在冲突的过程中增加更多的请求、劝说和建议，这意味着在整个冲突过程中能够实现更多信息的传递和交换。

晶晶（16岁，女）放假时喜欢在晚上玩会儿手机，妈妈则希望女儿假期最好也早睡早起，生活规律。另外，妈妈有些神经衰弱，如果晶晶的房间不熄灯，妈妈就会睡不着。白天时，妈妈一有机会就跟晶晶分享健康知识，比如晚睡长不高影响发育，第二天精神不好啊。到了晚上，为了催促女儿尽早入睡，隔一会儿妈妈就会到晶晶房间问一句："几点了，还不睡啊？"最后晶晶不胜其烦，以致白天见到妈妈就躲，晚上敲门也不开。

隐患：

采取"表面和谐、内里竞争"的非强制性策略教育孩子，这样的父母往往会被孩子贴上"唠叨"的标签。无论他们怎么样苦口婆心地劝说，孩子都听不进去，根本无法达到教育的目的。

策略二：当事人使用权力

当发生冲突时，当事人一方会利用自己的身份、拥有的资源来加强自己的话语权，用权力威逼对方服从。

小博（13岁，男）的妈妈对于儿子玩手机游戏非常不满。劝说、命令、呵斥均不奏效之后，妈妈便开始断网、摔手机、削减零花钱。

隐患：

妈妈行使权力时，小博迫于妈妈的种种手段"听话"了。但这也只是暂时的屈服，并不能从根本上解决问题，还可能会发展出"破罐子破摔""你不让我玩手机，我就不上学"等"反威逼"的极端行为。

策略三：强制性策略

当事人的行为和语言带有攻击性。冲突的一方会用发脾气、加大指责批评的力度等来强迫另一方遵从自己的决定。

这种类型的行为模式就是大家更容易理解的竞争型，在现实生活中也是最常见的。因为，竞争者在前两种请求、要求、惩罚和威胁不起作用时，会升级为敌意、谩骂等强制性策略。以前文中"洋洋管理零花钱"这件事情为例：

洋洋妈妈先采取非强制策略，搬出各类教育理论和心灵鸡汤，试图说服洋洋和爸爸。在看到他们不为所动后，她开始行使家庭最高收入者的权力，拒绝洋洋提出的购买需求，并以要换车为由，要求爸爸上交全部工资。没想到洋洋找爸爸要钱时，爸爸仍动用自己的小金库满足孩子。

于是有一天洋洋妈妈就爆发了，她先批评洋洋："你自己不挣钱却只知道乱花钱，买的很多东西不仅没用还占地方，最终把房间搞得一团糟！这种随心所欲的生活习惯怎么能搞好学习？"

接着又指责爸爸："你是不当家不知柴米贵，自己不会教育孩子，还不好好配合我，在孩子面前充做烂好人，存心给我找不痛快！"

隐患：

一旦进入强制性策略，结果就自然会变得极端。一种是对方妥协、屈就，进入不平等状态，为未来关系破裂埋下隐患；另一种是抗争到底、坚决不从，这样家庭成员会容易形成敌对关系。

竞争型冲突的内核是"控制"

无论采取哪一种策略，在发生冲突时，以竞争型为主要特点的人都会想要成为事件绝对的掌舵人。表面上占据了"孩子不听话""配偶是猪队友"的"道理制高点"，其实就是想达到"全都听我的"这种"一言堂"状态。

在一个家庭中，父母使用权力或采取强制性策略，命令孩子一言一行都得按照他们的要求去做，这属于外显的、强势的控制，通常比较容易分辨。

而在有些家庭中，父母或孩子其中一方会采取非强制策略。比如，有的父母会苦口婆心地向子女诉说自己的不容易，最后孩子会迫于亲情和道德的压力而不得不让步。

或者使用令人同情的方式。如当孩子提出要求时，父母就让自己显得很可怜，甚至用生病来达到自己的目的。

这些行为其实也是控制，只不过是不易觉察的、内隐的、弱势的控制。一旦控制权动摇或者发生易位，就会引发更加激烈的冲突。

家庭冲突中没有赢家

如果夫妻间长期采用竞争型的交流方式，他们就会给孩子带来极大的压力和不稳定感。

我在做家庭咨询时，常常从那些焦头烂额、打得不可开交的父母口中听到这样的话："我们俩原来好好的，但孩子一上学，一大堆问题就都冒出来了。我们总是因为孩子的教育问题发生矛盾。"

这类语言会令孩子把父母的争吵和恶劣的家庭氛围归咎于自己，从而产生自责、内疚等负面情绪。

亲子之间产生冲突时，如果父母总是采取竞争型方式，并且总认为自己是对的，自己的说教和管束也都是为了孩子好，当下可能获得了所谓的胜利，然而这份胜利的保质期却十分短暂。因为孩子一旦开始反抗，他们将用自己的方式给父母制造出各种各样的麻烦，甚至彻底失控。

这种情况下，我们可以从"身、心、育"的角度，减少用竞争型的方式解决家庭成员之间的矛盾。

身：尊重事实，试着接受不同的观点。

将主观和客观区分清楚，搞清楚冲突的发生究竟是缘于客观事件还是主观认知，这样有助于理性面对。习惯控制的人大多会有一个错觉，总是错把自己认为的当成绝对正确的。

当对一件事情的看法有分歧时，要提醒自己这不是辩论，要克制住反复强调己方观点绝对正确的欲望，认真倾听对方的表达，尝试接受和自己不同的观点。

心：觉察负面情绪的来源，反对你的观点不代表不尊重你这个人。

在"身"的基础之上，剖析冲突发生的内在心理层面的原因，减少负面情绪的影响。

前文提到引发冲突的间接诱因是心理需求没有被满足，竞争型的人对被尊重有着较高的需求。当他们听到不同的声音时会产生"你在专门跟我对着干"的想法，会因为感觉自己没有得到应有的尊重而被激怒，从而产生愤怒、焦虑等情绪，在这些负面情绪的作用下，沟通很容易演变成发泄情绪的吵架。

注意觉察自己的情绪来源，不要把发出反对声音的一方当作假想敌，告诉自己：他们只是在质疑你的观点而不是在挑战你的权威，更不是在践踏你的尊严。当你冷静下来时，理性会回来帮你找到新的思路。

育：处理冲突的目的是解决问题，而不是制造问题。

竞争型的人常常在争论的过程中把目标定义为"赢"。试图说服、改变对方，从而忽略了处理冲突的目的是解决问题。

首先，明确目标。家庭冲突的处理应以交换信息、促进理解、达成共识、合作支持为目标，这样才有助于解决冲突问题。

其次，改变不合理的认知。"想赢"的心理往往易被非黑即白、非对即错的不合理认知支配。要知道每个人的认知半径都是有限的，应允许每个人都有其独立的思想。

最后，勇敢面对自己的错误。不要总像斗士一样，只是紧紧地盯着对方的弱点，因为你面对的是家人而不是敌人。当你开始勇敢正视自己的错误时，紧绷的竞争关系将会松弛下来，真正的问题也会得以被看到并解决。

哲学家大卫·休谟说过：遇到有承认自己错误的机会，我是最愿意抓住的。

我非常认同大卫·休谟的观点，这样一种回到真理和理性的机会，比具有最正确无误的判断还要光荣。最后，我想把大卫的这句话送给习惯使用竞争型管理冲突的人。

欣大侠的小故事

欣欣在上二年级时，有一天，她的班主任给我打来了电话。

老师一上来就问我："欣欣妈妈，您家有蓝色的线吗？"

我听着特别奇怪，"有是有，您要这个干什么啊？"

老师就说："欣欣把她同桌墨墨的羽绒服给剪破了个口子，我想先给缝上，您要是有就麻烦帮我送过来！"

"啊？"听见自己闺女"犯事"了，我立刻紧张起来，"剪得严重吗？不然您也别补了，我给那孩子再买一件新的！"

"不用买，我看这件羽绒服以前也缝过，一个小口子，我给缝一下就行。"

"好吧，您这么忙，别缝了。我家奶奶针线活儿特别好，我请奶奶过去缝。"我暂时松了一口气。

不过挂了电话，我还是有点儿不放心，于是我又给墨墨妈妈也发了条信息，把这件事说了一下。没过多久，那位妈妈回复我说：这件事她知道了，就是孩子之间的小事，也叫我不要放在心上。

这时，我的心才稍稍放下了。

等到欣欣终于放学了，我在回家的路上问起了她，没想到欣欣说："妈妈，对不起。我今天做得不对，但我这次实在是忍无可忍了！"

听见这话，我不禁侧目，"怎么就忍无可忍了？"

"妈妈，你都不知道墨墨有多过分！"欣欣的话匣子一打开，就像黄河决口一样源源不绝。

墨墨是个比较调皮的小男孩，自从这学期和欣欣成为同桌后，隔三岔五就"骚扰"欣欣。不是在欣欣写作业的时候撞欣欣胳膊，就是乱碰欣欣的笔袋，有时候还会扔欣欣的橡皮。最过分的一次，墨墨把铅笔的铅灰都撒在了欣欣头上。欣欣多次言语警告他都没有用，那孩子还是屡教不改。

可以说欣欣对她的同桌是积怨已久了。

"那今天是怎么回事？"我忍不住问。

"今天他藏我数学书！"欣欣愤怒地跺脚，"预备铃都响了，我才发现我数学书被他藏起来了，我管他要，他也不还我。我又不能在上课时还和他抢书，那样老师会批评我扰乱课堂纪律的，可是没书我就上不了课了，我心里可着急了。当时手里拿了把剪刀，我也不是故意的，只是想吓唬他，再不还书就剪他衣服，没想到刚往前一送，就把他羽绒服弄破了。"

停顿了一会儿，欣欣又赶快补充了一句，"我不是故意的，没想真的剪他衣服，而且就破了一个小口子，就一丢丢！"说着，她还举起右手，拿食指和拇指比了比。

我终于理解是怎么回事了。

欣欣从小就特别遵守纪律，自己又是小班干部，所以上课之后再要书肯定不行。再者，欣欣平时不提前预习，所以她特别珍惜在课堂上的学习时间，没有教科书肯定会影响上课效果。所以，在上课前的这几分钟里，她必须把书要回来。但是，在这么短的时间内，她那个小脑壳一时又想不出其他办法，就准备采取"武力威慑"的办法来把书要回来。

我没有评价欣欣的做法，只是问她："你和墨墨都被叫到办公室了吧，你害怕吗？老师是怎么说的？"

"我不害怕！老师批评墨墨不应该藏同学书！"欣欣抬高下巴，得意扬扬。

"老师没说你吗？"

"说了。"欣欣又低了头，马上蔫儿了，"老师说我就算和同学有矛盾也不能动手，要学会和他沟通。"

"那之后，你们又是怎么做的？"

"我向墨墨道歉了，他也和我说对不起了。我们还说好了，以后要互相尊重对方主权！对了，我还把我新买的小橡皮送给他了！"

我听完拍拍欣欣的头："妈妈相信你不是故意的，你当时一定特别着急，所以失手了。不过老师说得很对，解决问题的办法有很多种，动手是最具破坏性的。尤其是动用剪子、刀子这类锋利的工具，更是可能会带来不可控的后果，以后要坚决杜绝。不过这次能够这么快认识到自己的错误并向对方道歉，说明你们两个都是大度的好孩子。"

欣欣一看我态度比较平静，小话匣子又打开了："我以后再也不会拿利器了。今天看到他衣服破了的时候我可害怕了，当时就想拿我自己的压岁钱赔他一件新的。后来我们俩聊开了，他说他就是想跟我玩。我发现他并不是一个坏孩子，只是以前他一招我，我就跟他急，没有和他好好沟通过。"

我很惊讶："哇，妈妈要为你的敢于担当点赞，也为你的沟通能力点赞，看来你通过这件事总结出了和调皮小男生相处的经验呢。那以后再面对其他冲突时，你也一定能想出更多好办法！"

欣欣一扫之前有点儿忐忑的表情，蹦蹦跳跳地回家了。

后来，欣欣和墨墨果然处成了好朋友，虽然偶尔还会发生一些不愉快，但他们自己能很快和解。欣欣在小学六年级时，还邀请墨墨全家参加了她的生日会。

☆ 我想与您分享 ☆

无论我们在家庭中对孩子保护得如何好，当孩子走进学校，就是进入了社会环境，他们一定会遇到各种各样意想不到的矛盾。父母不可能随时随地为孩子撑起一片天，与其费力地保护孩子不和别人发生冲突，不如正视冲突并培养孩子处理冲突的能力。

面对欣欣和墨墨的这次冲突，我是用"三分生态系统"的思维模型处理的。

身：尊重孩子所处的环境。

当孩子在学校和同学发生冲突时，最好的解决地点就是在学校里，最有发言权的是双方当事人和老师。因此，在未得知事情的全貌时，家长不要轻易地做评价，更不要采取竞争型的方式指出对方的问题并试图为孩子开脱。

因为老师是教育者，面对的是全体学生，他们会出于教育的目的来解决问题。家长要尽可能地配合老师的要求，承担相应的责任。

心：关注孩子的心理感受。

每一个引发冲突的矛盾背后都有一个时间和事件的系统，当处在矛盾中心时，孩子的情绪是最复杂的。比如这次，欣欣就有被藏书时的愤怒、对于上课没书的担忧、威胁对方要采取"武力"时的冲动、看到墨墨衣服破了时的害怕、被老师发现后的紧张、被老师批评时的羞愧、放学时看到我之后的自责等多种情绪。当然，还可能有认为自己是"正当防卫"却被批评的委屈，也有和同学和好后的开心……

总之，孩子的心理感受是我们最不能忽视的部分。我们对孩子的共情越深入，孩子就越会向我们敞开心扉。

育：把问题变成学习处理冲突的契机。

首先，我认真倾听，适时提问，让欣欣能够充分表达自己的想法，我也能更全面地了解本次冲突产生的前因后果。

其次，在交流的过程中我会保持平静，留意欣欣当时的情绪，让欣欣看到妈妈并没有因为这件事情而生气，从而放下心里的包袱。当她感到被理解时，她的情绪也逐渐平静下来。

最后，我没有过度强调欣欣在开始冲突时采取的竞争型策略，而是引导她总结这次处理冲突的经验，赞许她做得好的部分，比如勇敢、担当和大气。让这次的矛盾冲突不只停留在一次负面事件上，而是成为欣欣学习处理冲突的好机会。

相信类似的事情很多父母都遇到过。当你试着站在一个二年级小学生的角度去理解他们遇到突发事件时的慌乱，因能力有限而采取极端行为时的紧张时，就不会站在道德制高点上去指责孩子了。当你明白孩子不仅需要了解他自己所处环境的规则，也需要为自己的行为负责时，就不会以保护者的姿态和孩子同仇敌忾了。因为最终，孩子都要独自走完他们的人生路。

第二章

回避型、顺从型与妥协型
——非正面交锋的三种冲突管理

曼云会客厅

我儿子洋洋今年上初中三年级，他性格有些蔫儿。上中学以来，他的学习成绩在班里一直是中等水平，我一直在为他的成绩总提升不上去而发愁。

我认为原因主要是他对学习没有热情，作业完成就行，考试差不多就行。

语文老师为了训练同学们的写作能力，这个月要求每人每天写一篇至少400字的日记。一周交一次，他总是在交日记的前一天晚上突击赶工。

我看了直叹气，那天忍不住说他："老师布置作业可不是为了看你们写没写，写400字是为了让你们练笔，每天写是为了训练你们观察、记录生活的能力。你这仅为了完成任务而赶工，怎么能起到作用呢？这种应付的态度，中考能考好吗？"

洋洋说："您又不是我，怎么会知道没起到作用？这种临时加的作业我能交就不错了，老师都没说不行。您就是看我不顺眼，中考要是考不好，我就去上职高！"

我一看他这个态度，既生气又担心，真怕把他惹急了干脆不学了。

于是我默默地走开了。

我这还不都是为了他好，他既然不领情，那我决定以后也不说了，就让他爸管他吧！

——来自洋洋妈妈的分享

💡 点对点，真知道

◎身：这个事件的客观部分是洋洋上初三时，在仅仅应对完成作业的情况

第二章　回避型、顺从型与妥协型——非正面交锋的三种冲突管理

下还一直保持中等的学习成绩。这说明他智商和学习能力都是在中上水平。所以，洋洋采取了"最后一刻完成"的方式来交付写日记这个临时作业。

◎心：跟孩子沟通时要注意语言的客观性。我们往往会基于自己的认知而说出对他人的评价，这种评价其实并不客观，要充分考虑孩子听了这些评价后的感受。比如，洋洋被妈妈批评后，故意说出上职高的气话。

◎育：因为害怕冲突带来不可控的后果，妈妈在洋洋"放狠话"之后默默地走开了。这不仅失去了引导孩子的机会，也给孩子做了回避问题的示范。洋洋妈妈可以认真倾听孩子的表达，试着从前面两句理解孩子的立场和自我安排，从最后一句了解孩子的情绪。只有这样才能把谈话建设性地进行下去，以探索出更适合当下情况的学习模式。

是什么

有些人在面对冲突的时候会选择不了了之，这多是因为他们害怕冲突或者不敢、不会面对冲突。第一章中提到最常见的冲突管理类型是竞争型，如果说采取这种冲突管理方式的人是喜好正面硬刚的"好战分子"，那么选择回避、顺从和妥协这三种冲突管理方式的人看起来就无害得多，给人的感觉是和平主义者。虽然都表现出回避正面交锋的特点，但三者之间是有差别的。

冲突管理类型——回避型：低自己、低他人

采取回避型方式管理冲突的人，在独断性和合作性两个维度都处在较低的水平。他们在冲突中时常表现得对自己和他人的利益得失都不太关心。

在管理冲突时，这类人通常会采取漠不关心或消极的隐性交流策略。

策略一：漠不关心

使用回避型方式管理冲突的人，最典型的表现就是漠不关心。他们在面对冲突时会选择直接退避三舍、视而不见。这类人认为直接表达可能会带来不可控的可怕后果，或者当矛盾发生时，任何抗争都毫无用处。因此，他们会选择避免冲突发生。

安安（13岁，女）初一时到了跨区的学校，她在班里没有一个认识的同学。因班上有一些本校直升的女同学自成一派，所以她觉得不可能融入，只好独来独往。

安安跟妈妈说了她的烦恼。妈妈有些不以为意："都中学了，学习这么紧张，哪还有时间在乎什么有人玩没人玩。你只管好好学习，学习好了，别人自然也不会小瞧你。"

后来，安安觉得全班的女生都在孤立自己。但她既没有向老师反映，也没有对爸爸妈妈说。一个学期下来，安安变得越来越沉默。

初一下学期开学时，安安突然对妈妈说她不想去上学了，并提出想要转学。妈妈问安安原因，安安却始终不回答。

如果父母没有及时发现孩子漠不关心的特点，孩子很有可能会从回避矛盾发展到回避关系、回避环境。

策略二：消极的隐性交流

使用回避型方式管理冲突的人，也并不意味着在冲突的过程中他们没有和其他人进行交流。他们只是用看似平和的态度，有意或无意地通过语言和非语言信息流露出内心持有的态度，这是一种消极的隐性交流策略。

隐性交流有可能是不直接表达需求，而是拐弯抹角地暗示。

有一次，天天（4岁，男）和爸爸妈妈一起逛超市，他装了一小推车的零食，在结账前妈妈却把它们全放回到了货架上。天天因此大声哭闹、满地打滚，结果爸爸直接把他拎起来就扛回家了。到家后，他还被爸爸和妈妈"混合双打"，狠狠地收拾了一顿。

过了一周，天天一家三口又一起去逛超市，天天被超市里的汽车玩具吸引了，想让妈妈给买却又被拒绝了，因为家里已经有很多类似的玩具了。

天天很不高兴，但这一次他没再哭闹，而是低着头站在玩具货架前。不管妈妈怎么叫他，他都不吭声，只是一个劲儿地用脚蹭着地面。爸爸过来问他怎么了。

天天委屈地说："幼儿园里好多小朋友都买这个玩具了。"

采取暗示的方式能够有效避免被直接拒绝的尴尬，是缺乏安全感的人出于自我保护而经常使用的方式。

隐性交流也有可能是看似毫无心机地开玩笑，但这些往往是经过精心设计的。

优优对爸爸说，妈妈总是"绵里藏针"。

比如，妈妈每次看到优优的快递到了，总会佯装开玩笑地说："哎哟，我家优优长大啦！学会自我管理了，尤其是财物管理。"

每当妈妈这样说话时，优优觉得，她回应了很有可能会引发争吵，不回应吧又觉得委屈。

当然，并不是每个人都擅长破译"玩笑话"背后的密码。因此，采用这种隐性交流策略的人很可能会产生更多的挫折感，他们为了缓解挫折情绪或者让对方能够听明白，有可能会采取更明显的暗示或更极端的玩笑方式。

消极攻击也是隐性交流。

当一个人在处理冲突时，不正面表达，而是通过非语言的行为间接地传达自己的消极思想或感受，可以考虑他采用了回避型的被动攻击策略。

乔乔和妈妈因为练琴时长的问题有些争执，爸爸对乔乔妈妈说："儿子都这么大了，你怎么还跟老母鸡似的，啥事儿都要管？"

乔乔一看有人撑腰，更加理直气壮地说："就是，是我练琴还是你练琴啊？能不能少干涉我的决定？"

自己的辛苦不被理解，反而被联合反击了，乔乔妈妈尽管心里面很不舒服，但她却没有表达出来。

直到晚饭时间，父子俩看着空空如也的饭桌才觉察出气氛有异。

采取消极攻击的人可能在表面上不跟你发生争执，但他会用实际行动表达出来，在家庭关系中常常被认为是"冷暴力"。

无论是漠不关心的直接回避，还是表面一片平静下面暗流涌动的隐性交流，都并不有助于解决问题，反而会激化矛盾。从最终的结果来看，回避依然是处理冲突最低效的方式。

冲突管理类型——顺从型：低自己、高他人

顺从型是一种乐于成就他人或者通融的应对模式。

在冲突关系中，顺从型当事人对自己的得失关注度很低，却很重视他人的需要和感受。

顺从型的特点常常被人看成被动的或者逆来顺受的，这种看法是不准确的。使用顺从策略处理冲突，虽然看起来是同样的迁就行为，但每个人的初衷却不尽相同。

一种是基于对他人的体贴出发而主动迁就对方。这种人在冲突中更看重他人的感受，能真诚地回应并满足对方的要求。因此，他们的顺从往往是心甘情愿地为对方好，通过降低自己的需求来迁就对方，这是一种慷慨的态度。

一种是经过客观评估后做出让步。有时候人们选择让步，并不是因为懦弱、不敢抗争，也不是因为降低了自己的需求。这类人可能有他们自己的观点或目标，但由于疲劳、时间限制等其他客观原因，又或者是因为对方提供了更好的解决方案，所以，他们在权衡利弊之后最终选择放弃了自己最初的想法。

还有一种是习惯性顺从。即除了适应之外别无选择，只能服从或者屈服。当事人在冲突发生时内心已经麻木，习惯性地对命令保持着一种服从的状态，就此放弃"反抗"。

暑假里，妈妈对儿子诚诚（17岁）提议，一起去爬长城。

诚诚觉得烈日炎炎，这种天气去爬长城纯粹是给自己找罪受。

妈妈一听有些不满："晒太阳和运动都有助于身体健康，我还没嫌受罪，你一米八的大小伙子倒叫苦连天。"

最后，诚诚还是服从了妈妈的安排。

诚诚顺从的行为背后可能有不同的心理活动。

可能一（体贴）：妈妈平时工作繁忙，很少有机会能和自己一起出去游玩。这次难得有机会，不想让妈妈扫兴。自己虽然不太喜欢顶着大太阳去，但很珍惜和妈妈共同游玩的机会，所以依旧同意了妈妈的建议。

可能二（让步）：暑假里自己的时间相对充裕，但妈妈近期只有这一天是休息时间。自己虽然更想去游乐园，但显然那里并不适合妈妈，思来想去，还是觉得妈妈的建议更适合。

可能三（服从）：妈妈很强势，自己从小到大，从学习到生活，基本上都是妈妈说了算。自己知道如果妈妈生气了后果可能会很严重，想到可能被克扣零花钱，回想起以往妈妈生气时家里紧张的气氛……出于种种顾虑，放弃抗争，习惯性地顺从。妈妈想怎么办就怎么办吧，无所谓。

顺从型的表现虽然都是低自己、高他人，但是在不同情况下也会有利有弊，我们没有必要完全否定顺从者。

冲突管理类型——妥协型：各让一步

妥协型处理冲突的方式是双方各让一步。

在妥协时，双方当事人都放弃了一部分或大部分自己想要的东西，冲突会因此而暂时得到解决，这是最显而易见的益处。但潜在的风险是，只要其中一方的需求没有真正得到满足，或者另一方并没有对自己放弃的东西真正地释怀，那么未来依旧有可能会再次发生冲突。

与顺从型不同的是，妥协型的让步是有底线的。选择妥协的人虽然舍弃了

第二章　回避型、顺从型与妥协型——非正面交锋的三种冲突管理

一部分自己的需求，但是并不会没有底线地完全放弃。

一对夫妻经常会因为谁来洗碗这件事发生争吵。最后丈夫想了个办法，又是改橱柜，又是花大价钱，大动干戈地给厨房装了一台洗碗机。

妻子虽然觉得有点儿折腾，但是一台洗碗机的确能够解决不少麻烦，因此便同意了丈夫的方案。

不过，还有一个小问题没有得到解决。

有了洗碗机之后，虽然洗涤的过程可以由机器代劳，但是将碗盘放入洗碗机以及收取的动作还是需要人工来完成。

于是，妻子又和丈夫约定，每天由妻子承担对餐具进行初步清理，然后将餐具放入洗碗机的工作，至于洗碗机完成作业后，把餐具放入橱柜中的工作就归丈夫了。

丈夫想了想，同意了妻子的分配。

035

在这个例子的最后,夫妻双方很明显都各退了一步,每个人都承担了一部分洗碗的任务,最后达成了一个双赢的结果。

在某些特定的情况下,比如时间有限时,选择妥协不失为一种好用的策略。

为什么

回避型、顺从型和妥协型这三种冲突处理模式虽然看起来很相似,但其背后的成因却各不相同。

回避型冲突产生的原因

很多具有回避型特点的人并不是从一开始就是这样的,他们往往经历过多次的努力,但结果却以失败而告终;当他们遇到困难想要求助时,常常得不到支持,甚至有时还会遭受指责;当他们试图坦露心声时却遭到嘲笑和攻击。这是产生回避行为比较常见的几种直接原因。

这些原因都会让他们感到没有人能够真正地帮助到自己,渐渐地对获得支持不再抱有希望,当自己的能力不足以应付当前的遭遇时,他们干脆选择回避。

导致人们选择回避型模式来处理冲突的间接原因,是他们对安全感的需求。

这里对安全感的解读和本书第一章中竞争型冲突对安全感的需求略有不同。竞争型的不安全感,源自对权力的丧失和控制的下降所产生的紧张和害怕。回避型的不安全感则源自如何能更好地保全自己,包括生理上和心理上。

他们担心得不到想要的亲密关系,所以用表面上看起来不那么重视来回避自己不想面对的结果,甚至以放弃一些机会为代价,并用回避直接切断威胁的源头。

良良的爸爸从小就被父母放在姥姥家养大，长大后跟父母也不太亲近。跟良良妈妈结婚后，不管良良妈妈怎么发脾气，良良爸爸要么默不作声，要么一走了之。后来两人真诚地交流了一次后，良良妈妈才明白，良良爸爸是担心争吵可能会让良良妈妈更生气，会离开他。

小刚长得人高马大，一上学就成了班里的"大哥大"，班里的小豆丁都听他的话。但他学习又没多么好，从来不参加班里的任何竞选活动。每次他看到那些上台领奖的同学，总是假装毫不在意，但也会忍不住瞟一眼，内心却暗自羡慕。他用回避的方式保持了小学六年永远不败的"大哥"形象。

顺从型冲突产生的原因

在处理冲突时表现出顺从型特点的人，很多时候只是为了维护一种表面上的和平。

这种类型的人会因为背后的初衷不同，从而产生顺从的原因也会有所偏差。

如果一个人出于对他人的体谅而表现得顺从，那么这类人选择顺从型的直接原因是他们希望维护亲密关系。"因为在意对方的感受，所以在一些事情上，愿意顺着对方的意"大致就是这类人的内心写照。

如果是除了适应之外再无其他选择的顺从型，那么他们可能和回避型一样，更注重保全自身的安全。

完全屈服的顺从者，可能从主观到客观都已经彻头彻尾地被驯化了，他们可能对安全感和对亲密关系的需求是同时并存的。

妥协型冲突产生的原因

选择妥协型方式处理冲突的人，他们可能是出于对亲密关系的看重，也可能是为了满足自己对安全的需求，但更多的情况可能是出于对利益的权衡。

有时候，妥协为解决冲突提供了一条短期内比较好走的路。比如，当矛盾急需在一定时间内解决的情况下，当冲突双方的角力相等时，或者已经试过其他策略却不起作用时。

怎么办

回避型、顺从型、妥协型，这三种方式可以统一看作冲突管理中的"权宜之计"。但长期使用这三种方式，不仅治标不治本，还有可能会泛化到孩子学习、生活的方方面面，阻碍孩子的发展。为此，我们可以从"三分生态系统"的角度出发，一起来看看该如何破解。

回避型：建立充足的安全感

如果一个孩子是回避型，他会表现得有点儿"破罐子破摔"，父母会因为不知道从哪里下手而产生无力感，这常常是最令父母头疼的类型。

孩子选择用回避型的模式来处理冲突，最大的原因就是他们内心缺乏安全感。家长可以使用"三分生态系统"的思维模型来帮助孩子建立起安全感，走出自欺欺人的境地。

身：用足够的耐心接纳孩子。

在自然界中，当动物遇到危险或感到恐惧时，身体会快速做出各种反应。比如，乌龟会把头和四肢缩在龟壳里，羚羊看到狮子会快速奔跑，乌贼会吐出墨汁以便逃跑。这是动物保护自己的本能反应，是它们必备的生存技能。人也是一样，当感到不安全或者恐惧时，放弃、回避、迎难而上都是自然的反应。所不同的是，人类通过学习行为不断地获取新的知识，从而掌握更多、更好的生存技能。

当孩子出现客观的回避行为时，父母先耐心地弄清楚孩子的不安全因素有哪些，忍住那些脱口而出的主观批评或评价，如"你就不能主动一点儿吗""你太不争气了""一遇到事情就躲起来""你先做，做了再说"等。接纳孩子可能会出现的回避、逃跑等自然反应。

心：坚定的支持，让孩子重获安全感。

父母需要理解孩子的感受，制造机会，让孩子表达出内心真正的想法。在询问和交流时，父母还需要付出加倍的耐心，才有可能弥补长期以来给孩子造成的"表达可能会受到伤害"的刻板印象。鼓励孩子说出自己为什么会选择回避，是走进孩子内心的第一步。

只有孩子愿意敞开心扉，你才能找到真正"理解"孩子的角度，做出适合的行动，让孩子感受到父母会和他一起面对风风雨雨，愿意做他坚定不移的支持者。如此，父母与孩子的沟通和交流才会越来越多。这也是鼓励孩子克服回避行为，勇敢面对冲突的重要一步。

育：逃避只能将困难推迟，面对才有希望解决问题。

在建立安全感的基础之上，父母还要让孩子明白回避只是一时的策略，如果想要彻底解决问题，还需要学会勇敢面对问题。

父母可以和孩子一起看看在哪些问题上他们更容易退缩，帮助孩子找到原因，一起学习，共同探索出一条解决之道。当孩子不再孤军奋战时，他们的信心将会增加；当能力提高后，也就无须回避了。

父母希望孩子勇敢面对时，自己首先就不能放弃。站在孩子身后，做他坚实有力的后盾吧，让他慢慢学会勇敢面对。

顺从型：鼓励孩子发现真正的自我

顺从型的孩子也同样需要父母的关注。

"孩子听话不是好事吗？"

许多父母可能从来都不会认为孩子太过顺从是件坏事。但是你要知道，过度的顺从会扼杀孩子的想象力、创造力和独立思考的能力。

如果一个孩子在发生冲突时总是表现出顺从模样，那么父母可能会失去听到孩子心里话的机会。这就是为什么有一些家庭表面上亲子和睦，但实际上关系却很疏离。因此，父母先不要暗自窃喜于"我的孩子很听话"这种现象，反而首先要考虑可能并没有赢得孩子的信任。

对于出于体贴而迁就父母的孩子，父母要注意，不要把亲情变成枷锁，不要只站在自己的立场上提出要求。父母可以时常询问孩子的感受和需求，并尽量地满足他。要记得提醒自己和孩子，最好的亲子关系是各自独立并相互支持，而不是捆绑和牺牲。

总是做出让步的孩子，很可能是因为在他的心中，父母的"爱"是有条件的。当他不按照父母的要求行事时，他将失去父母的爱，因此他会把自己的想法藏起来，只有这样才最安全。父母需要让孩子感受到无条件的爱，让他明白，无论他做出什么样的选择，父母的爱一直都在。在发生分歧时，父母应当尽量对事不对人，能充分听取孩子的观点，让他们感受到被理解尊重，这样就能最大限度地打破因长期压抑自我而形成的不平等局面。

对于总是屈服的孩子，他们的父母通常是竞争型的。在冲突中，父母常常强势地强调自己的正确性，忽视孩子的意见。这类父母首先要学会试着尊重孩子的意见，让孩子有机会独自做决定并且完成目标。其次，对孩子独自执行的结果要尽可能客观地评价和鼓励，切记不要拿结果嘲笑孩子或者和自己的计划做对比。比如："看看，就说你不靠谱吧！如果按我说的，走那条路，早就到了。"这样才能避免亲子关系因缺乏尊重和信任而渐行渐远。

妥协型：不要总是单方面让步

妥协型在冲突开始时往往表现得比较积极，但抗争不过败下阵来时往往会选择妥协。在家庭中处于弱势一方的孩子常常会选择妥协，他们之所以会这样做，多是抱着"好汉不吃眼前亏"的小心思，即所谓的忍一时风平浪静。但孩子忍一时并不代表全盘放弃，反而会导致未来更大的冲突。比如，小学生并不想上父母给安排的课外班，但反抗无效时只能妥协。到了中学时，他们可能会用厌学来表达不满情绪。

所以，在发生冲突时，父母关注的重点不应只是让孩子妥协。当你发现只要亲子间发生矛盾，最后却总是自己胜利时，就要警惕了，并不是孩子没有坚持自己的观点，而是他们放弃了自己的想法，向你妥协了。这时，你要认真地倾听孩子的表达，并根据情况适当做出让步，令孩子的想法也有得以实现的机会。

在具体的事情上，如孩子在生活上的需要、学习上的安排、交友的选择等方面，应尽量以孩子的意见为主，在不违反家庭规则的情况下，父母要适当做出让步。

在态度上，父母要注意遵守平等、尊重的原则。在冲突中，当孩子率先做出妥协时，父母要看到孩子的努力，不要以一种胜利者的姿态，觉得孩子的让步是理所当然的，从而完全无视他们的付出。

当然，很多时候，一次冲突中有可能集结了多种策略，以前文提到的安安为例：

安安从初一下学期开始就不去上学了，无论爸爸妈妈怎么问，她就是不说原因。这下可把妈妈急得嘴角都起了好几个大水泡。

后来，通过朋友的介绍，安安妈妈参加了"三分生态系统"父母成长课的学习。通过学习，安安妈妈意识到孩子每一种行为的发生都不是无缘无故的，要想解决女儿拒绝上学这件事，首先要做的就是搞清楚她厌学背后的原因。

安安妈妈没有再急着催促安安赶快返回学校，而是耐下心来尝试和孩子进行沟通。

"安安，既然你现在这么不想回学校，那干脆我们先请一个月的假吧！"

虽然妈妈的提议很出乎安安的意料，但她依然没有表态。

安安妈妈去学校帮安安请了假，自己也请了十天年假，和安安一起规划每天在家里的时间。最初的三天，妈妈绝口不提学习的事情，但早上仍然按时叫安安起床出去运动；然后再一起做早餐，上午泡杯茶，拿出喜欢的书安静地阅读；下午小睡后叫安安一起出门走走，或者购物或者闲逛，一边走一边聊天；晚饭后和安安一起看看喜欢的综艺节目。

过了几天，安安紧闭的心门终于被撬开了一道缝，脸上的笑容多了起来，也开始主动跟妈妈说话了。甚至上午都能看着课表自己看书了。

到了第八天，安安终于坐下来和妈妈一起认真地谈起这次"厌学"的真正原因。

通过和女儿的谈话，妈妈才发现安安厌学这件事早在多年前就已经有了预兆。安安小时候，爸爸妈妈都非常忙，她习惯了自己一个人玩。小学时，她不知道该怎么跟小伙伴相处，六年下来，安安掰着手指头数来数去，在班级里算得上朋友的也只有一个同学。

"哎呀，你这孩子怎么能把这些事情都憋在心里，你当时怎么不和我说呢？"妈妈忍不住问道。

安安委屈地说："我怎么没和你说过？我二、三、四年级的时候有好几次都和你说了班上没人和我玩，可你那时候和我说不要整天都想着玩，有那时间还不如放学多看看书，考个好初中才是正经。"

妈妈被女儿说得一愣，有些汗颜。

安安的抱怨还在继续："还有，选初中的时候也是，我本来想直升小学的初中部，我和我唯一的小伙伴都已经约好了，就算上了初中也要在一起，可是你二话不说就给我报了现在的这所学校。在这里我不仅一个人都不认识，还搞得我没能遵守约定，到现在都不好意思见我的小伙伴。"

"妈妈不是想着这所学校的教学质量要好一些，对将来中考有好处嘛……"妈妈讷讷地说。

安安说道："你总是这样，除了学习我说什么你从来都不听，你根本不知道我在学校里待得有多么不开心！"

直到此时，妈妈才终于意识到，自己这些年来的确没有关注过女儿学习以外的需求。

妈妈有些惭愧，因为刚听到女儿在新学校孤立无援时，她还想指责女儿总是这么被动，不知求助。在听了女儿的这番话后，妈妈突然认识到，或许安安并不是不知道去求助，而是她不知道如何求助，也找不到能够聆听她心声的大人罢了。

想到这里，妈妈心痛得把女儿抱在怀里，"对不起，之前是妈妈疏忽了，没能好好去听你的想法。妈妈通过父母成长课明白了很多道理，接下来我们一起，一定能解决现在这个难题。"

这次谈话后，安安逐渐向妈妈打开了自己的心扉。她试着把自己在新学校遇到的困难告诉妈妈，比如，新学校的同学都有自己的小团体，她融入不了，好几次她想要搭话，却对大家聊的话题都不熟悉。

这一次，妈妈没有再像以前那样一上来就打击否定女儿，而是试着把自己在父母成长课上学习到的沟通技巧分享给安安。比如，在看到同学的优点时要不吝赞美，待人真诚、勇于表达，让同学们多了解自己，积极参与班级活动等。

妈妈还和安安一起寻找她身上的闪光点，看看哪些可以成为她向新同学展示自己的"破冰神器"。

比方说，安安从小就很喜欢画画，妈妈就建议女儿可以试着参与班级板报的制作，这样不光能让其他同学知道她的特长，还可以结识兴趣相仿的朋友。

在妈妈的鼓励下，安安终于鼓起勇气回到了学校。一开始她总是怕自己说错话，并不太敢主动出击，妈妈知道后总是表现出对女儿的理解和接纳，就具体事件提出小建议，于是安安慢慢地在人际交往中越来越主动，每天放学回家后都会和妈妈一起对当日在校的经历进行复盘和总结。一个月后，安安不仅加入了板报小组，还交到了两位志趣相投的好朋友。

这个例子中就出现了多种类型的混合体。小学时期，妈妈对安安的长期

家庭教养决定成长力

忽视和拒绝让安安养成了回避和顺从的行为特点，当面对同学、老师时，安安觉得自己能力不够，就回避了交往；当面对妈妈时，安安抗争失败后就变得顺从。最后，妈妈通过父母成长课的学习，做出了妥协，打破了"只关注学习"的固有模式，并为安安回归学校提供了有益的行为指导。而安安最终也在妈妈的鼓励下坦露心声，不再回避，勇敢重返校园。

欣大侠的小故事

欣欣的爷爷奶奶家离学校很近，所以我们在忙碌时，就会让欣欣先回爷爷奶奶家，等我们忙完了再去接她。有时候我们忙完回家太晚了，干脆就让欣欣住在爷爷奶奶家。

但是欣欣自从上小学中年级以来，总是要求我和她爸爸放学去接她回家。

有一周，我连着有几件很重要的事情，每天都要处理到晚上九十点钟，根本抽不开身去接欣欣放学。所以我就对她说："要不这几天你放学后都去奶奶家，等妈妈晚上忙完了，我再去接你？"

听到我这么一说，欣欣脸上马上就有些不乐意。

"妈妈，你不能来接我放学吗？"

"你爸爸出差了，我这周工作又很忙，需要在公司待到很晚，如果再开车去接你，就会耽误处理很多事情。我又不放心你一个人在家，你理解一下妈妈的难处，好吗？"

欣欣闷闷地点了下头。

"好吧……"

虽然看着依旧有些心不甘、情不愿，但欣欣总归是答应了。

见状，我一方面欣慰女儿的懂事，一方面又有些心疼她。

于是，我问她："你为什么不愿意待在爷爷奶奶家啊？和爷爷奶奶闹矛盾了？"

第二章 回避型、顺从型与妥协型——非正面交锋的三种冲突管理

"没闹矛盾,"欣欣停顿了下,像是在组织语言,"主要是我待在那边有点儿不自在。"

"哪里不自在?"

"怎么说呢,就是我们的习惯不同。我现在喜欢自己一个人写作业,奶奶她却还像我在低年级时那样,在我写作业的时候习惯坐在我旁边看。我习惯最后检查错误,她却看到我出一点儿错就马上指出来,有点儿打乱我的学习节奏。另外,爷爷每天都给我出奥数题,有时候我没来得及做,就担心爷爷会不高兴。"

"所以你就干脆不去了?"我好笑地问。

欣欣点点头,看着有点儿不好意思。

我摸摸女儿的头,温和地说:"妈妈明白了,这对你来说的确是有点儿难,但逃避显然也解决不了问题。你不可能总不去奶奶家啊,爷爷奶奶都很爱你,也很关心你的学习。我觉得你刚才讲得很清晰啊!那你可以试着和爷爷奶奶交流一下自己的感受,直接表达需求,看看会不会有变化。"

欣欣若有所思。

我接着给她打气:"爷爷奶奶虽然年纪大了,但他们并不是听不进去意见的人。你看妈妈每次和他们有不同意见时都能协商。我知道你是一个善良的孩子,不想让爷爷奶奶失望,你可以像跟妈妈谈话这样,开诚布公地表达自己的想法,即使解决不了,也不会有更坏的结果。

"这样吧,我们分头行动,你负责和爷爷奶奶说清楚,我也尽快把手头堆积的工作完成。争取下周能每天接你放学!"

欣欣不再犹豫,爽快地答应了。

☆ 我想与您分享 ☆

在生活中，并不是每一种冲突都是看得见的战争。对于孩子来说，他们由于年龄、知识、思维水平的局限性，很难对冲突快速做出恰当的反应，于是他们可能会表现出回避型的特点。欣欣不想去奶奶家的背后，对于她来讲，就是一个难以应对的复杂局面。

身：当欣欣升入中年级后，我们基本完全放手，让她自己独立完成作业，而奶奶的陪伴模式却并没有发生改变。爷爷也开始每天在家庭群里给欣欣出一两道奥数题，但欣欣并不是每一天都有时间完成。

心：欣欣是个善良的孩子，虽然她被奶奶盯着写作业会感到不自在，但的确有时遇到不会的题也需要问奶奶。同时她也理解奶奶是关心她，怕直接拒绝会惹奶奶伤心。爷爷每天很认真地出题、给出解题思路，欣欣对自己不能完成会心生愧疚，也担心爷爷知道后会失望。

育：这种矛盾对于四年级的欣欣来说是一次挑战，既有对爷爷、奶奶关系的考虑，也有对自己学习安排的不确定。

我发现欣欣的回避行为时，并没有指责她不懂事，而是考虑到她可能是遇到了解决不了的难题。于是我先了解她回避的原因，然后再建议她使用哪种沟通方式，最后用自己的经验化解她的担忧，使她有信心自己去面对问题。

第三章

协作与跨越，像剥洋葱一样层层化解冲突

曼云会客厅

我这些年一直在读一些与教育心理相关的书，也参加了不少家长训练营、亲子沟通课堂。在和我女儿布布（16岁）相处的时候，我也开始有意识地想和她建立一个平等、合作的关系。

比方说，我之前一直都很着急女儿的学习成绩，她一旦没考好，我就会忍不住发火。上了亲子沟通课之后，我改变了，我按照某篇文章里写的方法对她说："成绩不是唯一的衡量标准，学到知识才是重要的。如果你有什么问题，可以随时来找我，妈妈永远是你坚强的后盾。"

可是最近我有些沮丧，我一直努力学习做一个温柔、坚定的妈妈，向女儿抛出橄榄枝，可是我女儿却总是不领情。

就拿最近的一件事来说吧。

她这个学期连续三次考试，语文都85分，一点儿进步都没有，我本来很生气，却忍住了没有对她发火。我不过就对她说了句"下一次能不能考个别的分数，哪怕多一分也成啊"，她听到这句话就不乐意了。她还让我别上课了，说我上完课之后一天一个样，不知道哪句话是真的。

这丫头简直是狗咬吕洞宾，不识好人心！我这么努力都是为了谁啊，她还说我虚伪，真是气死我了！

——来自布布妈妈的分享

💡 点对点，真知道

◎身：当布布妈妈过于在意女儿的学习成绩时，就很容易被情绪左右。女儿到了青春期后，妈妈也开始学习家庭教育。当前处在通过听课、看书已经"知道"的阶段，想通过练习达到"真知道"阶段的过渡期。遇到了言不对心并被女儿识破的尴尬情况。

◎ **心**：布布妈妈内心对子孩子成绩的关注和不满意是存在的，也不由自主地通过"开玩笑"的竞争型策略表达了出来。布布则发现妈妈不按套路出牌，反而迷茫了。

◎ **育**："学艺不精"的结果就是布布妈妈很容易就气急败坏，现出"原形"。这反倒让孩子觉得妈妈很虚伪，说一套，做一套，从而失去了女儿的信任。这也是很多"爱上课"的父母的"通病"：一方面，新的知识告诉自己怎样做是对的，但另一方面，固有的认知很容易就占上风，主导自己的情绪和言行，因此显得表里不一。这是因为在孩子的事情上，他们以竞争者的立场站在了孩子对立面。解决这种冲突，最好的方法就是转换立场，改竞争为协作。

是什么

前面说过，只要有人的地方就会有矛盾，这是在生活中一种不可能回避的现实状况。但是并不是所有的矛盾都要决个你输我赢，也有可能是"不打不相识""一笑泯恩仇"。孩子的成长往往伴随着各种问题，父母的处理方式决定着结果，即这些问题是会继续导致冲突升级，还是会成为孩子成长的契机。

冲突管理类型——协作型：高自己、高他人

协作型是冲突管理中更具建设性的类型。当事人对自我和他人都保持着高度的关注。

和其他几种类型相比，这种方式的使用需要人们在沟通方面投入更多的时间和精力。但以结果来论，协作型可以使冲突双方最终能有机会实现双赢的局面。比如第一章中提到的洋洋家因为管理零花钱而发生的冲突事件。

经过在家庭会议上的讨论，父母都同意了洋洋增加零花钱的申请。爸爸提出女儿已经升入中学了，可以开始承担一些家务，妈妈则提议帮助洋洋一起制订消费计划，女儿同意了父母的建议。于是，洋洋对物质的需求、爸爸对女儿的责任感培养、妈妈对孩子财商的教育都得到了一定程度的实现。

这种冲突管理方式的前提是当事人能就事论事，将注意力全部集中在具体问题上。然后通过家庭会议这种公开的方式，与会者带着解决问题的诚意，最后得出令大家都满意的结果。

当然，协作型也并不全都是优点。这种方式通常会很耗时，而且如果只有一个人愿意使用这种方法，而其他人渴望通过竞争或者回避方式来达到目标时，最终将很难建立出协作关系。

到这里，五种冲突管理类型就全部介绍完了。接下来我举个例子，你来试着分析一下故事中这几个角色的冲突管理类型。

咚咚今年升初一。这所学校在学生仪容仪表方面的要求格外严格。

校规要求：女生除非是舞蹈特长生，或者有演出需要，否则全部都要剪成运动头的短发；男生更是没有例外，头发全部都要剃成板寸。

咚咚对这条校规十分抵触。

他觉得板寸又土气又难看，而且全员都一个发型，然后再穿上宽宽大大的校服，简直分不出谁是谁，一点儿个性都没有。

开学前，咚咚就联系了班主任老师，说他挺喜欢自己现在的发型，清清爽爽的短发，比板寸稍微长些，但看着也符合他学生的身份，没有必要非剃成板寸，问老师能不能不剪头发。

老师说，没办法，校规规定，咚咚还是要去理发，开学就会有检查，如果被教导主任抓住了，会扣班级纪律分的。

咚咚又去跟妈妈说，他不想理发。妈妈也很为难，她一方面心疼儿子，一方面又觉得不能和学校唱反调啊，最后还是劝咚咚要听老师的话。

无奈之下，咚咚就去找了爸爸。爸爸听了咚咚的话后，虽然觉得儿子的想法不无道理，可是那段时间爸爸工作比较繁忙，不愿意为了这么一件"小事"去花时间去和老师"纠缠"，所以最终爸爸给出的回应也是"听老师的话"。

咚咚听了又失望又难过。

临近开学，咚咚越发焦躁。

在开学的前一天，咚咚跑去理发店，一咬牙干脆剃了个光头。

你觉得上面事例中的四个人在处理这件事时，分别属于哪种类型呢？可多选。

A. 竞争型　B. 回避型　C. 顺从型　D. 妥协型　E. 协作型

咚咚：_____

老师：_____
妈妈：_____
爸爸：_____

为什么

我为什么要把冲突管理作为家庭教育的重要内容来分享呢？只是为了帮你解决每一次家庭纷争吗？当然不是这么简单，理解冲突的意义并做好冲突管理，对孩子和家庭都有更深远的影响。

冲突的积极意义

趋利避害是人的本能，很多人都害怕冲突。其实冲突并不完全都是负面的，它也有积极的一面。

学习意义

在面对冲突时，如果父母能选择更恰当的方式处理，会给孩子树立很好的榜样，能提高他们未来处理人际关系问题的能力。既然你对孩子的影响是无法消除的，那么不妨化被动为主动，有意识地锻炼孩子处理冲突的能力，为孩子的未来打好基础。

提示意义

冲突就像不断闪烁的警示灯，让你意识到当下有情况出现。有些问题越早发现越好处理。与其遮遮掩掩、回避、隐瞒，不如主动出击，正面应对。从冲突中发现问题、反思问题，并最终得到解决问题的方法。

发展意义

人类历史上的每一次革命性进步都伴随着冲突，冲突是人类发展中必不可少的条件。

孩子的成长也一样，从刚出生到学会爬行，从咿呀学语到学会走路，从对父母言听计从到变得不再"听话"，都是一次次转折。每一次转折，就意味着成长的到来。

所以，换个角度看待冲突，所有的问题都可以是成长的契机。

父母的冲突管理模式会成为孩子的"榜样"

当人们处在冲突中时，通常只关注自己想要达到的结果。但是在家庭教育中，有一个常常容易被人们忽略的潜在影响，那就是父母处理冲突的方式对孩子的影响。

当亲子之间发生冲突时，孩子不仅会在冲突中争取权利和满足需求，同时还在向父母学习着如何处理冲突。是的，即使是一次争执，父母也会成为孩子模仿的"榜样"。

这就像父母无意间就会把很多生活中的习惯传递给孩子一样，比如：有人习惯饭前先喝汤，那么他的孩子也养成了无汤不食的习惯；有人回家总是先瘫在沙发上歇会儿，那么他的孩子放学后也想先躺平；有人一生气就会咆哮，那么他的孩子脾气也会越来越差……于是就有了"龙生龙，凤生凤"的说法，有了评价孩子和父母是"一个模子里刻出来的"之类的话语。

冲突管理模式在家庭中的潜在影响

一位爸爸早上刚上班就被老板骂了一顿，结果一天工作都不顺利。在公司里受了气的他怒气冲冲地回到家，因为一点小事就冲妻子大发雷霆。妻子感到莫名其妙，窝了一肚子火，正好赶上孩子放学回来，她就把火全撒在了孩子身上。孩子有理没处说，就愤愤不平地踢了猫一脚。

这就是"踢猫效应"的故事。踢猫效应是指人们通常会选择比自己弱小，或者等级比自己低的对象发泄不良情绪，并因此产生的连锁反应。

　　在一个家庭中，孩子往往是弱者，处在连锁反应的尾部。他们会将在家庭中被不公正对待后所积攒的负面情绪，在遇到比他们更弱小的对象时发泄出来。实现中，很多霸凌者的父母都是粗暴教育的实施者。

　　那么，前面这个故事中的猫接下来会遇到什么情况呢？我续写了一段。

　　这只猫很机敏，一看形势不好，"喵呜"一声就逃出了家门，跑到了马路上。一辆疾驰而来的车为了躲避突然而至的猫，撞到了路旁的电线杆上，而车里因车祸受伤的司机正是早上冲那位爸爸发脾气的老板。

　　故事中的老板冲下属发火时，并没有想到这把火会烧回到自己身上。

　　就好像一个家庭中父母用粗暴的态度教育孩子时，他们也不会想到当孩子到了青春期，亲子双方的角色很快就会反转。孩子有可能开始表现出同样粗暴的一面，甚至把有力的拳头砸在父母身上，而父母则像儿童时代的孩子一样，在家庭中变得小心翼翼。

　　在此基础之上，我给这个后续内容写了一个结尾。

　　这位爸爸因为不想再忍受坏脾气的老板，自己创业开了一家公司。由于自己之前的遭遇，他决定做一个温暖有爱的好上司，无论员工表现如何，他决不冲员工发脾气，连批评都很少。有些员工一看老板如此好说话，工作态度就越来越敷衍，很快公司就变得岌岌可危。

　　在暴力家庭中长大的孩子，往往有两种极端情况，一种是延续了暴力路线，另一种则毫无底线。也有一些孩子成家后就像故事中的爸爸一样，并没有成为施暴者，他们在心里给自己画了一道红线：我不会动我的孩子一根手指头！但他们也有可能走向另一个极端，孩子要什么给什么，孩子想怎样就怎样……但当成长中的孩子探不到家庭中的底线时,也可能会像那些不自觉的员工一样,毁了一个家庭的幸福。

当然,这只是拿竞争型中的强制性策略举了一个例子。平日里唯唯诺诺的顺从型父母,其孩子长大后可能无法挺直腰板,也可能显得很有攻击性;目睹过家庭暴力的孩子,长大后可能会成为施暴者,也可能依然是受害者。从中,我们不难看出,长大后的孩子不一定会是父母的"复刻版",但是孩子的成长肯定会受到父母当时的随意言行的深刻影响。

相比于带来温和、舒缓记忆的事件,那些激发了人们强烈情感的冲突事件则更容易被记住,影响也更深远。所以,培养孩子处理冲突的能力是家庭教育中很重要的一部分。孩子会在原生家庭中学习并实践如何应对冲突,并把这些方式带入和同伴、配偶、孩子等的亲密关系中去。这些都是冲突管理模式可能会带来的,当前暂且看不到的潜在影响。

因此,父母了解冲突管理模式并经常采用更有建设性的方式,不仅是为了解决当下的问题,更是为了孩子的未来。

怎么办

基于兴趣和利益的IBR方法

显然,在这五种冲突管理模式中,协作型更有利于达到"多赢"的局面。如何在矛盾状态甚至是激烈冲突中扭转局面,达成合作关系呢?

第一章中,我们提到过"冲突的本质是利益的交锋"。因此,先从冲突双方兴趣和利益的角度出发,不失为一条好的路径。

哈佛谈判项目荣誉主任罗杰·费舍尔和哈佛谈判项目创始人之一威廉·尤里,在1981年合作出版了《谈判力》一书,书中介绍了一种"基于兴趣相关的"（Interest-Based Relational）沟通方式，简称IBR方法。IBR方法的核心是在冲突时把人及其情感从问题中先分离出来，在此基础上理解并尊重冲突双方或者各方的兴趣和利益，并注意建设良好的关系，最后以和谐的方式解决冲突。

当冲突出现时，人们很容易会情绪上头，一不留神就表现出防御性或攻击性很强的肢体动作，比如瞪眼、拍桌子、抬高嗓门、摔门离去等。

使用IBR方法可以帮助人们在冲突中剥离情绪的滤镜，把注意力集中到问题本身上。这样当事人就可以更加注重与对方建立相互尊重和理解的关系，然后双方以团结、合作的方式共同解决问题。

父母完全可以把这个方法应用到家庭教育中。只是需要铭记：作为父母，我们养育了孩子并参与了他们全部的成长过程，我们的角色责任不仅是简单地解决冲突，还要带着欣赏的眼光去看待家庭成员之间的差异，并能在共同生活中让家庭成员感到被尊重和被理解。这种积极的陪伴才更有意义。

IBR方法建议使用六个原则来管理冲突：

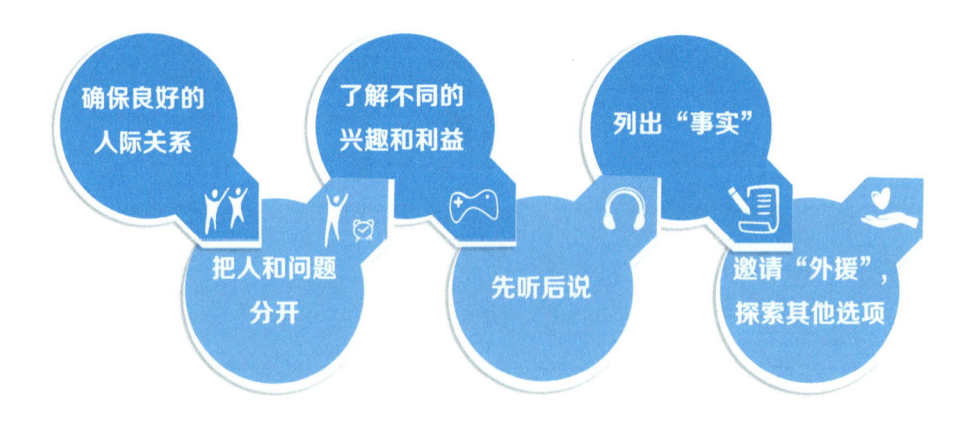

确保良好的人际关系	了解不同的兴趣和利益	列出"事实"
把人和问题分开	先听后说	邀请"外援"，探索其他选项

一、确保良好的人际关系

良好的人际关系是一切沟通的基石，确保有良好的人际关系也是IBR方法的首要任务。

如果人们之间的情感亲密而牢固，即便他们在某个具体事件上有不同见解，并为此据理力争，争论也不会对他们的关系产生破坏性的影响。

娜娜和爸爸的感情很好，他们之间交流挺多，但意见并不会总是一致。娜娜妈妈经常听到父女俩争论不休，吵完接着又一起运动，一起说说笑笑。妈妈觉得女儿很不公平，明明是同样的话，如果是妈妈说出来，娜娜都会习惯性地抬杠，母女俩根本谈不下去。

良好的人际关系是通过协作型方式处理冲突的前提。父母平时要多花点儿时间建设亲子关系，即便在发生冲突时，也要注意不说破坏亲密关系、伤害对方的话。

二、把人和问题分开

人们之所以容易在发生冲突时气急败坏、恼羞成怒，很多时候是感觉到对方在故意"刁难"或"侮辱"自己。一旦产生这种认知，人们就会满脑子都是"他是成心的"之类的想象，这样就很容易丧失理智。

优优很喜欢看书，时常会因为看书入了迷而耽误写作业。

针对这个问题，妈妈很不满意，也已经说了优优好多次，但优优还是改不掉看书进入忘我境界的习惯。有一次妈妈十分生气，对着优优大吼："不要总是抱着书看！光看书能让你考个好成绩吗？不要耽误写作业，这件事我跟你说了多少遍了？你长大了，翅膀硬了，是吧！你要是成心气我，不让我好过，那以后你什么事都别来找我！"

爸爸看妈妈气得口不择言了，连忙把妈妈请到一边坐下。他郑重地跟优优说："你现在已经是中学生了，课业也越来越多。当天如果完不成再补课的话，压力会非常大，所以你妈妈的担心是有道理的。"

"我真不是故意的，只是一看书就停不下来，忘记了时间，有时候妈妈催我，我也听到了，答应的时候也是想着把这一章读完就放下，但经常看着看着就什么都忘记了。可是妈妈说我是故意气她，真是冤枉我了！"优优有点儿委屈地说。

"我和妈妈都理解你，爱阅读是好事，我们又怎么会反对？但凡事都有主次。爸爸想了一个办法，你和妈妈一起听听，看是否可行。这个办法就是每天晚上保证你有不少于半个小时的自主阅读时间，但前提是得先完成作业。因为优优你的身份是学生，如果没有完成作业会影响到第二天的学习，所以我们在充分满足你的阅读需求的同时，也希望你能把做作业和阅读的先后顺序换一换。你们看这样行吗？"最后一句话，爸爸是对着妈妈和优优一起说的。

最后，一家三口就这件事情达成了暂时的共识。后来，优优因为阅读影响作业的情况就大大减少了。

妈妈这次发脾气是对优优看书习惯的不满，而且由来已久。妈妈的话前半段是在说看书和写作业，后半段则是根据自己的想象转而对优优发泄怒火。其实优优没有因为妈妈"说了好多次"而改变自己的习惯，并非对妈妈不尊重，而是因为她是个小书迷，经常进入"沉浸式阅读"。爸爸的介入使这次冲突改变了方向，先对事——针对问题事件提出具体建议，再对人——兼顾到对优优和妈妈的理解。

三、了解不同的兴趣和利益

IBR方法是基于兴趣和利益出发的解决问题的方法。

即使是在冲突中，也可以试着去理解其他人的观点。虽然换位思考很不容易，但并不妨碍你多点儿耐心去探索他人为什么和你立场不同。理解并不代表着认同，也不要害怕因为理解了对方而被对方牵着鼻子走。

吃完饭后，咚咚帮忙收拾餐桌。因为不想去厨房拿抹布，咚咚偷懒就拿袖子擦了下桌子。

妈妈看见了有些生气，对咚咚说："你这是帮忙呢还是搞破坏呢？不仅桌子没擦干净，衣服还弄得油渍麻花的。"

咚咚不以为意："反正晚上衣服也要扔进洗衣机里洗，有什么关系嘛。"

妈妈带咚咚来到卫生间，拿出洗衣液、衣领净、去污剂、柔顺剂等衣物清洁用品，一一讲给他听："洗衣机只能做到大面儿的清洗，像袖口、领口的污渍，需要提前喷上相应的清洁剂，还要用手搓洗才能彻底去除。这会给妈妈增添不少负担。"

说完，妈妈便让咚咚把衣服脱下来，教他用手搓洗刚才沾上的油渍。咚咚手都搓红了好像还没有洗干净，他这才理解了洗衣服的不容易，赶忙真诚地向妈妈道歉。

咚咚自己没有洗过衣服，他并不了解洗衣机的清洗效果，也不知道顽固污渍需要特别对待，所以他并不知道自己的行为会给妈妈增加负担。当妈妈讲解了过程并带着他体验一次后，咚咚就理解了这次分歧产生的原因。

四、先听后说

当发生冲突时，人们很容易使尽浑身解数来表达自己的观点，在表达的过程中也很难去听别人的想法。所以，人们在为自己的立场辩护之前，最好先认真听一听对方在说什么，这些内容很有可能会改变自己之前的想法。

一天，优优回家对妈妈说："今天老师让我当学习委员，我拒绝了。"

妈妈一听就着急了："为什么要拒绝，当学习委员不是好事吗？老师安排你的工作就要好好完成，不要总想着逃避责任！"

优优听了妈妈的话，马上不高兴地反驳道："我才不是逃避责任呢！"

妈妈看出女儿不开心了，马上忍住了脱口而出的话。

优优接着说："学习委员应该让班级里学习成绩最好的同学来担任，我这次期中考试只考了全班第三名，第一名和第二名都比我更有资格担任学习委员。我要是当了这个学习委员，不是对他们两个人不公平吗？"

听了女儿的话，妈妈恍然大悟。

优优妈妈刚开始时几乎是自动反应，主观上就断定女儿是想要偷懒。最后听优优讲明了自己的想法后，她也能理解并改变了态度。

所以，当你和别人发生冲突时，可以更耐心一点儿，没准儿你给对方多说一句话的时间，故事的后续就会出现意料之外的大反转。

五、列出"事实"

你会发现，人们在处于冲突过程中时，说起话来都振振有词，但往往都是自己加工过的观点，而非事实。遇事时先不要着急下结论，先把你观察到的事实罗列出来，再做决定。注意要分清哪些是客观事实，哪些是主观观点。

伊伊（7岁，女）是个慢性子，做什么事都是慢吞吞的。这让急脾气的妈妈十分着急，尤其每天早晨上学前，是让妈妈最难以忍受的时间。

一天早上，闹钟在7点准时响起。妈妈等到7点10分都没有看到伊伊从屋里出来，她走进女儿卧室，发现伊伊还睡得正香。妈妈花了5分钟才把女儿叫醒，伊伊醒了后，妈妈赶着去做早饭，嘱咐伊伊在这段时间自己穿好衣服，然后去洗漱。

到了7点半左右，妈妈的早餐已经做好了，可是她却没在餐桌旁看到女儿。等妈妈再次走进伊伊的房间，却发现伊伊的衣服只穿了一半。

再这么磨蹭下去，伊伊肯定又要迟到了。"你每天都磨磨蹭蹭、拖拖拉拉的，早上这么宝贵的时间都被你浪费掉了。这马上要迟到了，还一点儿都不着急。"妈妈马上又要重复这些说了无数遍的话时，想到了刚在"T.E.S.三分生态系统"父母成长课上学到的"列出事实"。

于是妈妈转换了语气："妈妈7点10分进去叫你起床，叫了5分钟。从你醒来到现在又过去了15分钟，你的衣服还没有穿好！"

列完事实后，妈妈还不忘跟伊伊共情："大清早的闹钟响了，谁都想多睡会儿，妈妈也一样。但是妈妈想了想，我还是要给你做好早饭呀，所以妈妈会和你一起起床，也希望你能同步一起起来。"

伊伊说："我知道，我就是爬不起来。总想着再睡5分钟。"

"今早感觉你特别困，是不是和昨晚睡得晚有关系？昨晚，你比平时晚了半个小时才睡觉呢。"

听到这儿，伊伊叹了口气："唉，可能吧。对了，妈妈，现在几点了？"

妈妈拿过来闹钟一看，"天哪，7点40了！"

伊伊一听，从床上跳了起来，"我得赶紧起床了，以后不能睡那么晚了。妈妈，您给我做什么好吃的了？"

当妈妈没有再发火，而是和伊伊一起探讨起不来的客观原因究竟是什么时，伊伊也会把妈妈说的话听进去了。虽然时间很紧张，但最后一段不再是母女俩在争吵中不愉快地度过，而是伊伊主动加快了起床速度。

六、邀请"外援"，共同探索其他选项

当冲突双方争执不下时，可以寻求第三方中立人士的介入，以引入更开放的态度来探索其他可能性。第三方提供的新选项也许会成为冲突双方意料之外的突破口。

从上小学开始，伊伊"起床的问题"就一直存在。妈妈虽然说了无数遍，但无论语气多么严厉，都没有起到作用。在早晨用"列事实"的方法初见成效后，伊伊妈妈趁热打铁，在当天晚上就召开了一次家庭会议。

妈妈在开场时回顾了从伊伊上小学到现在一年多，因为起床事件和伊伊之间发生的各种状况，说着说着，"列事实"不知不觉就变成了老习惯的"数落"。

爸爸赶紧举了暂停牌，又揉揉伊伊的小脑袋安抚她。

妈妈也突然意识到不妥，不好意思地说："学习了不代表马上就能改变，看我又不由自主地抱怨上了。还是听听你们俩有什么好方法吧！"

爸爸说："我观察到类似的事情的确经常发生。妈妈反复多次地催促，但伊伊速度一点儿也没快起来。问题到底出在哪里呢？"

听了爸爸的发言，妈妈和伊伊从对彼此的不满中如梦方醒，开始第一次认真思考这件事情。

"我就刚买闹钟那几天听到过闹铃声，以后就根本没有听见过。所以早晨不是我不想起，是真没听见。"伊伊委屈地说。

妈妈听了有点儿惊讶，商量道："那要不把闹铃的声音调大一点儿？"

"还有，早上妈妈叫完我就走了，她扔在床上的衣服有些又有扣子又有带子，我根本就穿不好。所以我并不总是在磨蹭，而是在跟衣服'战斗'。"

妈妈看了看伊伊身上的衣服，点了点头："今天的衣服还真是有点儿不好穿。"

这时爸爸又发话了："这些问题我们从明天起就开始解决，如果明天这个闹铃调到最大声你还是听不见，那我们就还是让妈妈叫你起床，然后再换个声音更大的闹钟。"

"关于衣服的事情妈妈会整理一下，尽量选你能驾驭的，实在有不方便穿的妈妈再来帮忙。"这时妈妈也表态了。

爸爸接着说："这些是我们可以帮忙的，但是从起床到出门之间的洗漱、吃早餐、收拾书包就需要你自己安排好时间。从明天开始，我和妈妈都不会再催促你，你的事情自己看钟表完成。你要保证自己能做到在规定时间点出门，如果你因为自己拖沓而迟到了，也要有接受老师批评的心理准备。这样好不好？"

伊伊想了想，点了点头。妈妈虽然担心女儿迟到被批评，但一想自己都管了一年多了也没有效果，决定试一试爸爸的提议。

新的安排开始后，伊伊第二天就因为起床时间过长而迟到了。被老师批评后，第三天伊伊虽然按时起了床，可是因为在卫生间待得太久，她没有时间在家吃早饭。为了不迟到，伊伊只能带着面包和牛奶在路上吃。这一天伊伊虽然没有迟到，可是早饭却没有吃好。

等到了第四天，伊伊按时起床，随手关掉闹钟，按时穿衣、洗漱，从容地吃了个饱饭，准时到达了学校。

爸爸的介入让妈妈和伊伊都先放下情绪，转向了对事情的讨论，他还提供了一个大胆的让伊伊自我管理的新思路。虽然伊伊在自我管理过程中连续两天都出现了失误，但从结果来看，伊伊早上磨蹭的习惯得到了改善。

这种新思路不仅解决了母女俩的"晨间大战"，还让伊伊从他律转向了自律，自我管理能力也越来越强，这就是他人的力量。

遵循这六个指导原则，你基本可以防止冲突的结果进一步恶化。同时，这些原则还可以很好地避免冲突可能带来的敌对和厌恶的负面情绪，就是这些负面情绪经常会导致冲突失去控制。

IBR方法注重于建立冲突双方的相互尊重和理解，并鼓励当事人以团结、合作的方式解决冲突。它能够帮助你成为协作型的冲突管理者。

不过你不能把IBR方法当作万金油，它并不适用于所有情况。比如，当家庭处于危机之中时，可能就无法以这种协商一致的方式解决分歧，相反，对争端和冲突能够迅速做出决定的竞争型也许是更好的选择。

本篇介绍的五种冲突管理类型，每一种都有它的适用性。有时候在一次冲突中，可能也会出现多种冲突处理策略。总之，了解冲突管理的目的是解决冲突问题，让家庭中的沟通更为顺畅。

希望你可以用已经掌握的方法试着去积极地处理冲突，主动练习是从知道到"真知道"的好方法。同时，你积极的态度也可以鼓舞家庭其他成员共同参与进来。

最后，我想提醒你，当我们在家庭中处理冲突问题时，不要忘记除了解决问题本身，还有提升孩子处理冲突的能力这个家庭教育的任务。所以，当孩子遇到难题向你寻求帮助时，不要越俎代庖地帮孩子做决定。你只需要用支持的态度和他讨论，然后共同探索各种可能性。给孩子适当的引导，再加上自己的有效陪伴，相信孩子可以自己处理好冲突。

欣大侠的小故事

欣欣的同学里有一个特别"闹"的男孩子，调皮好动，经常和其他孩子发生冲突，不是揪前座女生的头发，就是故意把同桌的书弄到地上，他的同桌往往过不了几天就会要求换座位。

班上的大多数女生都对他避而远之。

这个男孩也有几个朋友，不过他们相处的模式是打闹，在他们追跑的时候，很多同学都会被影响到。就算告到老师那里，最多是被批评一顿，他也毫不在乎。

有一年冬天轮换座位时，欣欣坐到了那个男孩的前面。因为是冬天，欣欣如果穿了长款羽绒服，就会把它挂在椅背上，放学回家后，常发现她的羽绒服下摆被后座的男孩踢了好几个脚印。跟这个男生抗议了好几次都没有用，欣欣也很苦恼，后来干脆只穿短款羽绒服。这倒是踢不着了，但他又改成戳欣欣后背，欣欣只好把椅子尽量往前挪，让他够不着。

过了一段时间，我发现欣欣没再提过他们之间的矛盾。我很好奇，就问欣欣是怎么回事。

欣欣就说："他从一年级开始就调皮捣蛋，但他心眼儿也没那么坏，那天有一位小同学在操场上摔倒了，我看见他帮忙给扶起来了。我那天利用中午时间认真跟他谈了一次，他因为成绩不太好，上课有时候听不懂，觉得无聊了就喜欢招惹别人。"

"原来是这样啊？"我还真没有认真想过这个问题。

"他说戳我是因为有题不懂，想让我给他讲讲。我这才知道原来他并不是故意招我。我后来答应他，在我不忙的时候可以教他做题。但是跟他约定好每天只能问三次，而且他不能再踢我的衣服，也不能再动手。"

"那他现在还踢你的衣服吗？"我有些好奇地问。

欣欣摇摇头，"刚开始时还踢，但我直接扣了他一次提问的机会，而且告诉他，如果再踢就扣两次。现在他再也不踢了，成绩也有进步呢！"

我听了哭笑不得,"合着你给别人补课,还带惩罚的?"

"那是当然!"

欣欣挺挺小胸脯,眼神别提有多得意了。

☆ 我想与您分享 ☆

身:学校就是社会的缩影,存在着各种各样的情况。孩子也有可能会碰到一些暂时解决不了的难题。

心:孩子们在和人相处时,并不太会受到刻板印象的影响,他们以同龄人的视角,可能更容易理解这个公认的"调皮孩子"。当衣服总是被踢的时候,欣欣虽然也很苦恼,但她并没有马上放弃,而是试着去理解他。

育:给孩子试错的机会。当欣欣好像"被欺负"了,但并没有向我求助时,我只是认真地倾听她的烦恼,也关注着整个事件的发展,而不是直接教她应该怎么做。不经过思考、实践的方法很难成为孩子的经验,我的不干涉给了欣欣试错的机会。

允许孩子用自己的方式解决冲突。欣欣在刚开始时使用的方式是竞争型的,但她发现毫无作用。于是她又采取了回避和妥协的方式,显然效果也不佳。后来她又采取了协作型,试着通过交谈先去理解对方,最后提出了双方都能接受的解决方案。

行动比绝对正确更重要。欣欣后来在执行方案时也遇到了困难,她又采取了竞争型中使用权力的策略,顺利解决了问题。她提出的惩罚显然有威胁的成分,但我并没有批评她,说帮助别人时不能提条件,要全心全意。因为首先,她是当事人,对事件和冲突双方的关系最有发言权，选择的方法也是处在她的位置上时最好的选择。其次，父母的横加指责会打击孩子主动解决问题的积极性，在孩子成长的过程中，行动比绝对正确更重要。

教养篇

教养是受欢迎的家庭名片

教养是培养孩子积极向上、正向成长的行为，是人在家庭中主动或被动获得的训练。

教养反映出人的品质与道德水平，并且会外化到与人的日常相处中，彰显出该人对他人乃至生命的关怀。

因此，人们经常说，看到一个孩子的日常言行就能看出他的家庭教养。

接下来三章，将分别从和自己、和他人、和家庭的相互关系中阐述家庭教养的重要性。

第四章

行为习惯——你如何成为今天的自己

家庭教养决定成长力

📝 曼云会客厅

我儿子鹏鹏（9岁）从小做事就爱磨蹭。写作业的过程很是让人头疼，简直能磨死个人。

写数学作业的时候，他一会儿翻翻书，一会儿看看我，我过去一看，一个小时过去了，他连一道题都没有解出来。老师前天晚上要求写一篇200字的小作文，老师讲过，我又讲，看着他一个字一个字"抠"着写的样子，我真是压不住火！

这还不是最可气的，最可气的是那小子事后还怪我，说他这么晚才把作业写完，全是因为我在旁边打扰他，分散了他的注意力。

我打扰他？我要是不在他旁边盯着，就他那个磨蹭劲儿，我看他能拖到天亮。说实话，要是没我监督，他的心思早就不知道飘到哪儿去了。

我现在一想到要陪儿子写作业就胸闷。如果再这样下去，我迟早要去准备几瓶速效救心丸了！

——来自鹏鹏妈妈的分享

💡 点对点，真知道

◎ **身**：孩子做事情磨蹭，是很多小学生父母都会遇到的问题。但鹏鹏磨蹭的情况显然属于比较极端的案例。鹏鹏如果每天都这么晚睡觉，不仅第二天上学时会状态不佳，还会影响身体发育。

◎ **心**：鹏鹏妈妈一想到要陪孩子写作业就胸闷，压抑的心理状态已经影响到了身体的健康状态。鹏鹏也不愿意每天都这么晚睡，他认为妈妈的陪伴是主要干扰因素，所以心生不满。母子之间处于矛盾的状态。

◎ **育**：当一个孩子养成了磨蹭的习惯，鹏鹏妈妈的做法就是很多父母的真实写照。他们越担心结果失控就越不敢放手，孩子在全程监控的紧张气氛中就更加磨蹭，结果往往事与愿违。

父母与其把全部注意力放在孩子身上，抱怨孩子不抓紧时间做事，不如先思考两个问题：孩子为什么会磨蹭？孩子在什么情况下会加快速度？然后再和孩子探讨一种彼此都能接纳的陪伴方式，比如可以让孩子自主管理一部分自己的时间：父母选择安全且合适的时间暂时离开孩子；孩子独立完成自己较为擅长的学科作业，等需要的时候再向父母请教。在鹏鹏妈妈做出新的尝试后，鹏鹏写作业的速度明显加快了。

是什么

教养一般指文化和品德的修养，是由家庭、学校、社会共同教育培养的结果。尤指孩子在家庭教育中培养出来的行为的道德水平。一个人日常的行为习惯能直观地反映出他的教养水平。比如，当一个人举止得体、行为有度、对人友善、做事积极且主动遵守规则时，人们会说他"有教养"。反过来，当一个人行为散漫、无所顾忌、口出恶言、缺乏责任感且随意违反规则时，人们会说他"教养差"。所以，虽然教养指的是一个人的内在品质，但它却是通过规矩、态度、习惯等外在的方方面面表现出来的。

《汉书·霍光传》中有一段记载："光为人沉静详审，长财七尺三寸，白皙，疏眉目，美须髯。每出入下殿门，止进有常处，郎仆射窃识视之，不失尺寸，其资性端正如此。"

这段话说的是霍光为人沉着冷静、细致慎重，身高达七尺三寸，皮肤白皙，眉目疏朗，须髯很美。每次从下殿门进出时，停顿、前进都有固定的地方，郎仆暗中做了标记一看，尺寸丝毫不差，他的资质本性就是这样端正。

班固用寥寥数笔勾勒了霍光走路这一处细节，其人端正、谨慎的形象跃然纸上。

我们在现实生活中也是一样。很多时候，仅凭些许细节就能让你对某个人做出"有教养"或"没教养"的评价。

窥斑见豹，不外如是。

我们从衣、食、住、行四个方面，分别来看一看教养在日常生活中的体现。

从"衣着"看教养

虽然近些年来有一小部分人倡导"穿衣自由"，但大部分人依旧对穿衣规范抱有一定的共识。比如，有人穿着睡衣、拖鞋上街，这就很不得体。再比如户外运动时，西装革履，或穿裙装、高跟鞋，既不舒服，又显得很不和谐。

此外，在公共场合，保持衣物整洁卫生也是最基本的教养。

孩子的穿着应该以干净整洁、简单大方、得体舒适为主，特殊场合要符合规范。比如，学生在开学、运动会、文艺演出、毕业典礼或者升旗仪式等场合，要按学校要求着装。

成人也需要注意服装和环境的协调性。在日常生活中穿便装、休闲装，工作时依据公司文化穿正装或者其他类型的服装，参加正式聚会时穿礼服类服装等。

从衣着看教养，别人能从你的衣着上感受到你的态度。在一些有特殊意义的场合，更是如此。

比如，学士服是接受大学教育的学生在学位授予仪式、毕业典礼等场合穿戴的正式礼服，并且有成熟的等级标志和穿着规定。

参加别人婚礼时穿喜庆大方的衣服、参加葬礼时穿黑色或者白色正装，是对新人和逝者最基本的尊重。

正所谓，"衣冠不正，则宾者不肃；进退无仪，则政令不行"。"正衣冠"的着装要求自古就在庄严、肃立的场面中占有一席之地。

从"用餐"看教养

在现代社会，大家对用餐礼仪已经达成了一些不成文的共识。

比如：用餐时不发出太大的声音；多人用餐时，保持自己附近区域餐桌的整洁；不在公共盘子里挑挑拣拣；不争抢菜品；不在进餐时口若悬河、唾沫星子到处飞，也不会对着餐桌打嗝、咳嗽、打喷嚏；不拿着筷子敲打碗碟；吃自助餐时少量多次拿取；等等。

有一次，咚咚请几位同学到家里吃饭。

一位同学一边大口吃着碗里的，一边盯着红烧排骨的盘子，说："我太喜欢吃排骨了！"他前后总共盛了三次米饭，直到最后咚咚的妈妈去盛饭时，才惊讶地发现米饭锅已空空如也。

第二位同学坐在那里不停地说笑，情不自禁时嘴里的饭粒都掉到了桌子上。夹菜时拿筷子翻拣完又放下，最后吃到嘴里的菜却没有几口，碗里也还剩了大半碗饭。咚咚妈妈一边担心孩子没吃饱，一边好奇：这孩子平时都吃什么啊？

第三位同学则安安静静，吃饭匀速，动作轻微，只夹离自己近的菜。咚咚妈妈给他夹菜时，他愉快地接受并表达感谢。当有人问他话时，他会先停下吃饭，再回答问题。

最后在收拾餐桌时，咚咚妈妈发现前两位同学座位附近掉的饭粒多到能喂饱小鸡，第三位同学面前的桌子上和地上却是干干净净的。

相信你看了这些描述，应该也会和咚咚妈妈一样，在心里给咚咚的这三位同学各自打了一个教养分。这个教养分正是通过他们的用餐行为得出的。

从"居住"看教养

"住"指的是一个人的生活空间。

不仅要在家庭内部保持整洁、温馨，也要注意维护周边居住环境的基本卫生，确保不打扰邻里。

有些人把公共区域当成他们家的自留地，往门口随意堆东西，把楼道里弄得杂乱无章。或者住在楼上的人总是弄出很大响动，经常发出噪声。这些行为都非常令人反感。

在外面住酒店，也是体现一个人有没有好教养的时候。酒店的工作人员更是能从客人离开后房间的状态看出他们的教养。比如，有人会用酒店里的水壶煮东西，拿毛巾擦鞋子，在房间里吃东西后随地扔垃圾，退房时房间里一团糟。也有人会把自己住过的房间整理好，让工作人员打扫起来更加方便。因此，我在带孩子们去世界各地做活动时，总是会把房间整洁度当作小队评比的一项标准，这不仅是为了培养孩子们良好的生活习惯，更是想让他们学会"尽量不给别人添麻烦"。

尽量不给别人添麻烦，正是教养好的表现之一。

从"行为举止"看教养

行为方面的教养首先体现在个人的举止上。《弟子规》有云："步从容，立端正，揖深圆，拜恭敬。勿践阈，勿跛倚，勿箕踞，勿摇髀。"

这两句话说的就是对人行为举止方面的规范。

"步从容，立端正，揖深圆，拜恭敬"是指人走路时迈步要从容、大方；站立时要端正，不可以歪斜；行礼作揖时要深圆，譬如见人要九十度鞠躬；而且鞠躬时不可以太快，要慢慢来，这是表示一种诚敬心。

"勿践阈"，这个阈是指门槛，人路过的时候不可以踩在门槛上面，一是因为门槛会被踩脏；二是因为踩到上面时人升高了，就好像自高自大的样子，这是一种傲慢的状态。

"勿跛倚"，是说我们要站有站相。有的人喜欢将身体倚靠在墙上，用一只脚站立，整个人的重心斜斜地落在这只在脚上，这种状态就叫作跛倚。这种站法看着好像跛了脚一样，没有丝毫仪态可言。

"箕踞"，就是指坐的时候两只大腿叉开好像簸箕一样，十分不雅观。

"摇髀"这个动作说的是有些人坐在那里大腿一直摇晃，这会让别人觉得这个人内心浮躁、不安定。

虽说现代社会中已经不会对孩子的行为举止做如此严苛的要求，但一个心平气和、内心有分寸的人，在行走坐卧间的淡定、从容也是受人欢迎的。

行为方面的教养除了体现在个人举止上，还体现在社会互动中的行为表现上。

比如，在乘坐飞机、火车等公共交通工具或者在公共场合，可以做到有序排队不加塞，坐在座位上不打闹影响他人、不乱丢垃圾、不抽烟、不随地吐痰、不大声喧哗等。有教养的人会做出符合社会公德要求的行为。

从"语言"看教养

教养是对人的关怀，与人交流时，让人感觉到被关怀、尊重和善意。

在与人互动时，语言是非常重要的桥梁。因此，语言表达很能体现一个人的教养。言辞犀利、尖酸刻薄的人，哪怕是个热心肠，恐怕也不会被认为有教养。

教养是自重并尊重他人。

一个夸夸其谈、语言粗鲁的人很容易让人反感。即使他可能在某些方面有过人之处，也谈不上有教养。比如，当孩子在与人沟通时常常口吐不雅之字，这极有可能是因为他在家庭生活中常受到这样的"熏陶"。

教养是内在素质的体现。

与人交往时光明磊落、内外统一很重要。一个人表面礼貌、周到，背后却总是说别人坏话，当然称不上有教养。特别是有些孩子在和朋友玩耍时嘴巴特别甜："你放心，你和我说的秘密，我一定会保守的。"但朋友离开之后，他却马上和别人说起来。

从时代发展看教养

教养从来都不是一个孤立的概念，而是和人们所处的文化系统紧密相关。文化是会随着时代、社会的发展而改变的，所以我们要带着发展的眼光来看待教养。

比如，在二十几年前，在公交、地铁上吃东西，走在路上边嗑着瓜子边把瓜子皮吐在地上，在公共场合抽烟等不良现象司空见惯。而现在这些在公共场合肆无忌惮打扰到他人的行为，不仅令人反感，还可能违反了《公共场所卫生管理条例实施细则》。尤其是"不在公共场合抽烟"已经在大多数人心中形成共识。

在培养孩子的教养时，父母也需要了解自己所秉持的观念，哪些仅在自己成长的时代适用？哪些更符合孩子现在的成长环境？

因为，父母对"好行为"的认知是基于自己的成长背景而形成的。当新鲜事物来临时，很有可能某些标准会与之前有所不同，但对于孩子来说，他们只需适应现代的标准即可。

就像手机支付和电子货币，很多老年人时至今日依旧对此抱有怀疑，固执地相信纸币才更可靠。而对于这一代的孩子来说，他们早已习惯了使用电子货币交易。

一位妈妈很苦恼，因为一向只知埋头学习的15岁的女儿开始看吃播了。

妈妈问女儿原因，女儿说："我马上就中考了，最近复习的压力太大了，我需要减压。"

妈妈眉头皱了起来，脱口而出："谁学习没有压力？我们当年高考的压力比现在大多了！我就是通过运动、听音乐、阅读等方式来舒缓情绪、释放压力，干吗非要看吃播？再说，总是对着屏幕对眼睛也不好，网上这些人不做正经工作，不务正业，靠胡吃海塞来吸引关注，就是宣传浪费食物的不良风气！"

女儿感到不服："我关注的几个吃播不是正在读大学就是有正式工作，怎么能说人家不务正业啊！他们利用业余时间分享美食和快乐，吃得稍微多点儿也不能算不良风气啊！"

最后俩人谁也说服不了谁，不欢而散。

这位妈妈的烦恼源自孩子使用的减压方式和她成长经验中的"好方式"不一样。女儿郁闷的是，能帮助自己暂时放松的吃播被妈妈说得一无是处。

父母用自己成长时的经验教育孩子时，很有可能会出现文化的碰撞。在20世纪80年代初，拿着录音机听流行音乐、穿着喇叭裤的小青年也会被长辈们认为不务正业、着奇装异服、没有教养。而现在人们则对多元的装扮不仅包容，还会用欣赏的眼光看待他们彰显出自己的个性。

所以，当亲子之间对同一件事情的看法出现差异时，需要父母系统性地思考，并在系统中看到时代变迁带来的影响因素，尽可能地避免用局限的目光不合时宜地评价孩子的教养。

为什么

在家庭教育中要重视教养

家庭教育是培养教养的重要途径之一。《三字经》中"子不教，父之过"的观点深入人心，人们在提到教养时会快速地联想到家庭教育，有些未成年人的不良行为会被人们评价为"缺少家教"。

未成年阶段是养成良好教养的好时机。儿童在青少年时期形成的行为习惯，长大后很难改变。有的时候，我在公众场合看到很没有教养的成年人，心中会感到遗憾，因为成年人基本已经定型了，不出意外的话他大概会一直这样过下去。粗鲁的行为使他成为很多人避之不及的人，对于漫长的一生来说，这实在是一件可悲的事情。孩子未成年之前，其行为习惯都还有很大的培养空间。父母陪伴在身边，可以通过观察、提点、指导帮助孩子养成良好的教养，让他们成为受欢迎的人。

好的家庭教养是父母给孩子的无形财富

举止自若、言谈大方、关心他人的孩子，不管走到哪里，都更容易获得他人的赞赏与肯定。来自他人的正向反馈会让这些孩子对自己的行为产生积极的认同感，也会更加自信，更愿意尝试许多新鲜事物，也将在积极的体验中认识到世界的丰富多彩。

反之，蛮横无理、缺失教养的孩子一旦脱离了父母的庇护，他们在社会上很难得到他人的好感，这会让他们举步维艰。他们每一次无礼的行为其实都是在为自己的未来设置障碍。他们将会为自己不被欢迎的言行买单，生活中处处变得艰难。如果不自知，他们可能会对这个世界充满敌意，负面情绪总会光临。

格格（7岁，女）的父母一直很娇惯她。

大家在一起吃饭的时候，格格喜欢吃的菜妈妈都会让她先吃，等她吃够了别人再动筷子。发展到后来，只要是别人动了自己喜欢的，格格就会不高兴。为了不让别人吃，她要先把喜欢的菜全吃光，导致别的菜根本就吃不下了。

格格有一次去参加小朋友的生日聚会，高高兴兴地去了，最后噘着小嘴回家了。原来用餐时有一道松鼠桂鱼做得太好吃了，她一个人吃了大半条，没吃到的小朋友纷纷说她太自私，还说下学期选班干部也不选她了。格格一气之下，饭没都吃完，就让妈妈带她回家了。

不要轻视衣食住行这些体现家庭教养的日常行为，须知"风起于青蘋之末，浪成于微澜之间"。父母在生活点滴中对孩子的培养，才是不会缩水的财富，并令孩子受用终身。

怎么办

📖 家庭规则是教养的指南针

从一个人的言行举止就能看得出他的教养。父母在生活中对日常行为习惯的规范，是孩子教养形成的基础。教养是社会认可的品德修养，家庭是社会的最小单位，因此，家庭教养首先需要符合当前社会大环境的规范和价值取向。其次，具体到一个人在日常生活中的言行细节，每个家庭都有自己个性化的侧重，所以父母可以用心梳理出自己家庭中认可的内容，通过家庭规则向孩子明确。

我的父母成长课学员就实践过很多具体的家庭规则，用来培养孩子的言行举止。我整理了一些比较实用的：

1. 用餐：别人给你倒水添饭时，不要坐等，要用手扶扶，以示礼貌；吃饭时夹离自己近的菜，不要翻拣，不要让餐具发出太大的响声；与别人碰杯时，让自己的杯沿尽量低于对方，如果给长辈或师长敬茶时要站起来，以示尊敬。

2. 自我管理：学会照顾自己的生活，内衣袜子要随手洗；能照顾好自己，会做简单的饭菜；定期打扫卫生，保持室内清洁；有良好的生活习惯，做到干净卫生、按时作息；会给自己的学习和工作制定合理的目标并做具体规划；做事时不要三心二意，专心致志则事半功倍；决定的事情不要轻易放弃，持之以恒方能成功。

3. 与人相处：尊重别人的决定，不强求；不背后道人长短，不轻易批评他人的行为；听别人说话的时候眼睛要看着对方，不要心不在焉、左顾右盼，或者显得不耐烦地拿起手机；跟人说话时要注意分寸，不要随意揭别人的短处；如果询问别人，对方不回答时不要无休止地追问；别人讲话时不要轻易打断，听完别人的意见，哪怕不同意，也要温和地点头，以示尊重。

4. 礼貌用语：说话多用"您""请问"这样的敬辞，以及"麻烦您""打扰了""实在很抱歉"之类表示歉意的词；征求他人意见时多用"好吗""行不行""您觉得呢"等探询语气的词；说话时最好和他人保持一米左右的社交距离。

5. 做客和聚会：去别人家做客时，不被邀请尽量不要去卧室，更不要坐在别人的床上；用餐后，要主动帮忙洗碗、收拾桌子。聚会结束，到家后要告知朋友，同时关心朋友是否安全到家。

6. 公共秩序：遵守公共规则，不要插队；进电梯后如果有后来者，帮忙摁住开门键，以便后面的人能进来；在公共场合接打电话、听音频、看视频时，最好使用耳机。

7. 处事原则：做不到的事不要轻易答应，承诺了就尽力做到；积极承担责任，做事不推诿；在团体中找到自己的位置，向上不攀比，向下不打击。

……

当然，日常生活中的场景还有很多，不可能都在此一一罗列。我在查阅学员作业时，也为每个家庭自己的文化和生存智慧所感动，他们正是通过这些具体的要求，给孩子一些明确的指引，才培养出有教养的孩子。

自我管理是教养的助推器

教养指的是每一个个体的自我修养。用家庭规则画出界线、指明方向，但从知道到做到，还需要每个人自我约束、自我管理。自我管理体现的是人和自己的关系，它既是一种能力，也是养成良好教养的关键因素。一个孩子的自我管理能力不能等到孩子进入社会后才开始学习，而是应该从儿童期开始，逐渐被培养出来。

培养孩子的自我管理能力时要注意适度和练习。

父母的养育方式和自我管理的重要关联及适度。

美国密歇根大学心理学系教授布伦达·沃林博士在2006年6月出版的《儿童与家庭研究杂志》上发表了一篇研究文章，题为《婚姻、养育和家庭早期自我调节的出现》。

研究发现，孩子的自我约束能力和自我调节能力跟父母的教养方式有重要关联。

1. 宽容的父母对孩子的自我调节能力影响最大。在对孩子的行为犹豫不决方面，父母表现得越宽容，孩子表现出的自我约束就越少。

2. 养育孩子时，父母有时需要在某些事情上既坚持自己的观点，但同时又要避免对孩子的强势控制，因此需要在这两者之间取得一个有效的平衡。

我在《家庭教育，真知道·家庭仪式提升幸福力》第四章中，曾经提到过民主型父母的养育方式可以使孩子既能感受到规则，又有空间可以自由发展。这种教养方式能够让孩子在恪守底线的基础之上，还能有自己支配的空间，可以有效帮助孩子提升自我管理能力。

自我管理需要有练习的机会。

在锻炼孩子自我管理能力的时候，父母需要先正视孩子自身能力的差异。自我管理不是一个人与生俱来的能力，高水平的技能大多需要反复训练才能获得。同样，你要让孩子有自我管理的机会，才能把这项技能操练出更高水平。

当然，父母还要认识到锻炼就意味着有各种可能性，结果虽然并不会一开始就能尽如人意，但只有从真实的自我管理的练习中，才能明白孩子真正的水平在哪里，才能让他认识到有哪些方面还需要提升。对于不同年龄段的孩子，你可以从以下三个方面着手。

学龄前幼儿：自己会玩。

要想培养孩子自我管理的能力，最好先从让孩子学会自己玩开始。有些小朋友一刻也离不开爸爸妈妈，所有的事情都需要有人陪着才能做。这样的孩子刚进幼儿园时会度过一段艰难的分离期，在园里也会更容易依赖老师，和小朋友玩的时候会比较被动。

建议家里有学龄前孩子的父母，在孩子提出要求时先鼓励他自己独立完成，让孩子自己选择玩什么玩具、看什么书、做什么游戏等。在独立完成后，父母可以做一个耐心的倾听者并给予鼓励，分享孩子的收获和喜悦。

小学阶段的儿童：自己会学。

在小学阶段的前三年中，父母可以学着慢慢放手，循序渐进地培养孩子自己学习的能力。因为小学阶段的学习内容相对容易，当看到孩子不会或不能按时完成时，父母大多会产生"我来"的冲动。这种紧盯式陪学往往是导致亲子关系紧张的重要原因，也是孩子无止境依赖别人的根源。就像本章"曼云会客厅"中的鹏鹏母子一样，最后的结果往往是孩子很不满，父母很辛苦。

当孩子在学习中遇到困难时，比如数学题目不会做、字不会写、作文写不出来、审题理解有偏差等，父母不要急着教，先让孩子自己想办法，比如通过查字典、看书中例题等方式解决。如果还不能得到解决，孩子再请父母给予一定支持，比如，父母可以和孩子一起讨论对作文题目的理解，让孩子先说一说自己的思考和想表达的内容。在孩子写的过程中不干涉，写完以后父母可以适当地提出修改建议，并且不要求孩子一定按照父母的意见修改。这样，才能渐渐培养出孩子"自己会学"的能力。

第四章 行为习惯——你如何成为今天的自己

青少年：自己负责。

中学阶段孩子的认知水平趋于成熟，判断能力、行为能力都达到了一定水平，他们自主管理的事物和社会交往的机会日渐增多，很多时候都需要他们独自管理并做出决定。这时，父母需要培养孩子学会为自己的决定和行为负责。

涛涛上中学后，妈妈就开始锻炼儿子管理使用手机的能力。在这期间并不是一帆风顺的。在涛涛刚开始自主安排时，经常会出现玩手机超时的情况，每当这时，妈妈就会和涛涛一起分析原因，寻找解决办法。比如，在写作业的时候，把手机放在其他房间；设定每天玩手机的时长、内容、目标；等等。

没想到，就在手机使用时间管理初见成效时，又发生了安全事件。

有一次，涛涛把手机忘在出租车后座上了。他急得满头大汗，又是联系出租车公司，又是报警，经过各种努力，手机还是没找回来。虽然涛涛又用自己的压岁钱买了一个新手机，但他非常沮丧，他有一段时间对自己的管理能力产生了怀疑，出门时总想让妈妈帮忙拿着手机。

妈妈把一切都看在眼里，认真地和涛涛谈了一次，并总结原因。涛涛发现自己平时喜欢把东西拿在手中，这样在手忙脚乱时很容易遗失物品；还有在离开一个场所前，没有检查是否遗留物品的习惯。经过反思，涛涛慢慢养成了几个习惯。比如，出门时背个小包，离开一个地方之前检查一遍物品，贵重物品随时确认位置等。

涛涛妈妈在刚开始让涛涛自己管理手机的时候，她还真是捏了一把汗，因为她听到太多孩子因为玩手机而荒废学习的事例。但她在培养涛涛小学时自主学习方面已经有了一些成功的经验，所以这次她特别提醒自己少干涉、多支持，有问题不迁怒。

妈妈让涛涛管理手机时，担心的是手机的使用时间。而丢手机这件事纯属空降，完全在妈妈的意料之外。但没想到的是，涛涛在这个过程中不仅锻炼了处理紧急事件的能力，还发展出了有条理地管理物品、检查确认等好习惯。

虽然付出了一部手机的代价，但最后涛涛从使用到安全管理都实现了自己负责，也算是一次虽曲折却小有成果的自我管理能力升级训练了。

培养孩子自我管理的几点建议

自我管理是一种优秀的教养行为，是很不容易做到的。好多成年人都能理解这一点，毕竟我们自己拿起手机后也会一时放不下，做事情也有可能会拖延，既定目标完不成时也有可能会自我放弃等。分享以下几点建议，帮助你更有效地培养孩子的自我管理能力。

1. 允许孩子自己做选择；
2. 对孩子更加宽容，做好可能失败的心理准备；
3. 保持积极的态度，在孩子需要的时候全力支持；
4. 尊重孩子的努力，不以成败论英雄；
5. 给孩子独立完成的空间，不要提太多问题；
6. 鼓励孩子善用外部资源，别着急告诉答案；
7. 理解出现意外的必然性，不因事情不顺利而迁怒于孩子；
8. 任何时候都不要打击孩子，更不要毁掉孩子的希望。

父母在家庭规则中为孩子提供了边界和方向，又通过提高他们的自我管理能力使他们的行为，即使在没有父母约束的情况下也能够自我规范，最终使他们成为内外一致的有教养的人。

欣大侠的小故事

欣欣在五年级时有一段时间居家学习。电脑成了每日必备的学习工具，我们也会时不时地过去看一眼她的电脑屏幕。

有一天，欣欣在自己的卧室门上贴了一张"请敲门"的便签。我和她爸爸被孩子隔绝在视线之外，顿时生出很多担心：她会不会借着上网课时间用电脑玩游戏，跟同学聊天，在网上任意冲浪啊？会不会自己控制不了时间完不成作业啊？等等。

因为爸爸对欣欣的学习内容了解得多一些，所以他就承担了"打探"的重任。借着添水、送水果等嘘寒问暖的机会，进去看一眼欣欣到底是不是在认真学习。

没想到这点儿小伎俩很快就被欣欣识破了，我们再敲门也不让进了。

于是我们针对这个突如其来的变化召开了一次家庭会议。

欣欣说她有独立完成学习任务的信心并让我们信任她，我们也直言不讳地表达了担忧。当双方意见不一致时，很难让对方真正地理解自己，我们家也不例外。该怎么办呢？

我们开会商定了一个月的期限，一个月后对她的作业完成时间、网络使用时间、休息时间、学习成绩等几个方面做评估。如果结果能和当前持平，那我们就接受她关门的行为，如果差距过大，就需要重新商榷。她对我们的要求是，不要总去打扰她。

没想到刚过了一周，欣欣就主动提出来，不上网课时把电脑和手机都放在客厅。又过了几天，欣欣请我们在晚上10点时督促她休息。又过了几天，欣欣开门向爸爸问问题的次数也多了起来，但是比她闭门不出之前的次数还是有所减少。

一个月的时间很快过去了，我们召开了一次总结型的家庭会议。发现欣欣在第一周时电子产品使用时间最多，作业提交时间比较晚，有几次甚至拖到了最后一刻；前10天入睡时间都比较晚；最近的一次测验成绩还不错。

看着我们惊讶的表情，欣欣脸上是掩饰不住的小得意。

✩ 我想与您分享 ✩

这个令双方都比较满意的结果，既在意料之外，又在情理之中。

意料之外是，我们原以为这一个月中她至少会碰到一些挫折需要我们"增援"，或者很有可能测验结果不理想，但事实上都没有发生。

情理之中是，这次放手让欣欣自我管理并不是第一次。关于学习方面，欣欣从上小学开始就已经逐渐进入"自我管理"的状态。对此，我们家约定的规则是适度放手、积极支持。

低年级时，我们的策略是大胆放手、全力支持。比如，让她自己收拾书包，自己记老师布置的任务。

中年级时的策略转向以她为主，我们仅提供帮助。让她自主安排学习的节奏，确定是否需要额外的补充性学习。

当然，在这个过程中一定会涌现出各式各样的问题。

低年级时，她玩得畅快，忘了记作业、因着急出门而少带书本或文具等状况时有发生。我们做的支持是，在她提出请求时，我们尽量帮她送到学校或者给她提供途径询问作业。

中年级时，她经常自我放飞，对学习内容的掌握也过于乐观。我们会和她一起做阶段性学习内容的评估和成绩分析，也会给她的学习计划提出一些建议。

高年级时的策略则转为由欣欣自我负责，我们在她有需要时再伸手帮忙。但从前面的例子可以看出，面对一个新的阶段时，我们也一样会担心，做不到全然放手。但是正因为有了前面几年的铺垫，所以这次她完全自主的结果，也在情理之中。

培养出一个良好行为习惯需要时间，提高孩子的教养水平更非一

第四章 行为习惯——你如何成为今天的自己

朝一夕。在这个过程中,家庭规则帮助我们确定了大方向,确保在发生意外时不会乱了阵脚。自我管理也帮助我们控制住了不良情绪和那些自然而然的担忧,用耐心和支持的态度陪伴欣欣在一次次解决问题中提升自我管理能力。我也相信,在"指南针"和"助推器"的共同作用下,她的教养水平会得到提升。

第五章

与人相处——从自我到他人模式的学习型延展

曼云会客厅

我儿子佳佳（8岁）在校足球队新认识一个其他班的小朋友。在提到这个小朋友时，儿子经常表现得一脸崇拜，因为对方是足球队队长，是队里的小领袖，教练不在时大家都听他的。

上周末学校举行足球比赛，我们学生家长在场外观赛。我发现有个小男孩在和别的小朋友玩耍的时候动作特别粗鲁，经常出现推搡、拉拽的动作。说话声音也多是命令式的，偶尔还夹杂着脏话，听得我直皱眉头。中间休息时，我听到别人叫他名字，才知道他就是佳佳总提到的小队长。

那天回家后我就特别焦虑，因为我和孩子爸爸本身家教都是很严格的，我们在自己家内部交流时也很注意使用文明用语。对于儿子看的书籍和影视作品，我们也会提前做好筛选，避免里面出现少儿不宜的内容。

我特别担心佳佳会跟着那个小队长学坏，所以我就和他说少跟那个男生交往，结果佳佳不同意，说那可是他们队长，而且球队的同学全都是好哥们儿！

现在我很纠结，是尊重孩子的择友自由，还是帮助他筛选朋友？我生怕孩子染上江湖气息，又担心过度干涉会导致他在团队中会被孤立。

——来自佳佳妈妈的分享

点对点，真知道

◎ **身**：佳佳今年8岁，道德认知水平处在"他律道德阶段"。这个阶段的孩子只会通过一个行为带来的结果来评价好坏，而不会过多思考、分析行为本身。小队长虽然态度粗鲁，但佳佳看到更多的是对方踢球的技很棒和管理团队的能力较强。

◎ **心：** 佳佳认为小队长是全球队技术最好的人，也是当教练不在时能带领大家完成训练的主心骨，所以佳佳并没有关注小队长不太礼貌的行为，而是很乐意和这位球队的小领导者成为好朋友。

◎ **育：** 由道德认知水平的发展阶段，我们可以知道佳佳当前并不具备主动道德评判的能力，所以妈妈的焦虑可以先稍稍降下来一点儿。考虑到8岁这个阶段的道德认知特点——规则、规范是由权威制定的，8岁左右的孩子认为对规则、规范是有义务严格遵守的，爸爸妈妈可以明确告诉佳佳，在家庭教养基础之上的有教养的言行是什么，并帮助佳佳区分优劣，比如可以规定不说脏话、不对他人动手等。

作为家长，要经常和孩子分享一些积极、正面的例子，让他明白文明礼仪是最基本的教养。这样，不仅可以在很大程度上避免孩子受到同伴不良言行的影响，还会让孩子因为有良好的教养而得到更多人喜欢。

是什么

人们会从社会交往看教养。

在家庭内部，我们享有最高等级的自主权与自治权，家庭能够接受我们所有的美与丑、善与恶。在家里，我们的行走坐卧都不会有太多顾忌，说话做事也不会过于讲究，因为家庭是"我的地盘"。有些家庭更是把孩子当成中心，让孩子在家庭中无须遵守任何规则，为所欲为。

然而，当我们走出自己的舒适圈、步入社会后，事情就开始变得不一样了。在和他人交往的过程中，我们会发现别人不会像家人那样容忍自己的各种毛病。别人的反应就像一面镜子，能够照出自己教养上的疏漏之处。

同理，当孩子走出家门时，也会面临一个更加开放的环境。他们注定要和不同年龄、性格、身份的人交往。他们也会有意无意地从同伴身上学习到各种行为表现，"昔孟母，择邻处"正是表达了周遭环境和人对孩子的影响。但是父母不能像抽真空机一样，时时把孩子的身边清理成真空状态，也不能用高压手段强势干涉孩子对朋友的选择。父母可以培养孩子社会交往的能力，既让孩子学会通过他人的言行辨析是否适合交朋友，又让孩子在与人交往时表现出良好的教养，成为受欢迎的人。

有教养的人，不论性格是外向还是内向、幽默还是严肃，他们在社会交往的过程中都能带给别人真诚、友好的感受。

为什么

人际交往能力是社会生存的必备技能

只要孩子不是生活在一座与世隔绝的孤岛上，他就必将走入社会，与人打交道。社会交往能力是孩子必不可少的生存技能，尤其是在青春期及成年以后，这项能力会大大地影响他们在学习、工作方面的中的状态。

在一个团体中总能看到很明显的交往能力差异。比如，学校里有的孩子人缘好，竞选时不用拉票都有很多人选他，这会让孩子获得更多的机会，也更自信；而有的孩子拒人千里，总是独来独往走高冷范，让人觉得不好接近；也有的孩子就像个小霸王，不是说脏话就是随意拿别人的东西，甚至还对同学动手，搞得所有人见到他都唯恐避之不及。

夏枫今年13岁，正在读初一。她在小学时没有几个好朋友，那时候每天下午一放学，妈妈就拉着她到处上课外班，就算是周末课程也排得满满当当。所

第五章　与人相处——从自我到他人模式的学习型延展

以虽然平常在学校里待得没那么快乐，但她还是喜欢上学校。

到了初中，全班都是新同学。

第一天在小组成员互相介绍时，她质疑："光说自己好有什么用？日久见人心，处一处不就知道了。"这话让其他同学听得面面相觑、无从反驳。

夏枫的同桌是个有点儿马虎的小男生，上学总是忘记带文具。在他第二次找夏枫借东西时，夏枫很不满意："你要是没有的话，这一套我就送给你，借来借去的，既不卫生，又影响我学习。"

后来大家分配宣传工作时，有人提议："夏枫的字写得好，让她负责板报书写吧！"

夏枫直接拒绝了："我下课时间要抓紧写作业，因为晚上还要继续写课外班的作业。我可没有时间写板报，你们还是找其他人吧！"

后来，虽然夏枫的成绩还不错，但来找她的同学越来越少，尤其是从上晚自习以来，从早到晚无论是上课、运动还是去食堂吃饭，她都是一个人。当她感到孤独想找朋友时，发现别人都已经形成了稳定的小团体，自己很难介入了。

当她向妈妈诉苦时，妈妈却不以为然："你只管好好学习，哪有时间玩。到时候你考个好高中，说不定一辈子你们也见不到了。"

我想你也能看出夏枫的问题所在。自我封闭、不合作、言语犀利，而所有这些特点都可以从她妈妈的回应中看到一点儿根源。看起来夏枫家的教育是"万般皆下品，唯有成绩高"，但这种埋头苦学的状态能持续多久呢？夏枫常年在学校中被孤立的感受，到了新的学校就会有所改善吗？如果一直这样下去，她又能坚持多久呢？

在我这二十年的心理咨询工作中，百分之九十以上因"厌学""辍学"来咨询的孩子都有不同程度的人际交往问题。

即使在成年人中，也有些人因为态度敷衍、语言刻薄而令人"敬"而远之。所有表现在人际交往中的言行，都是一种教养的体现，并且这种教养早在儿童青少年阶段就已经形成了。

良好的社会交往能力并不会随着孩子成长就如期而至。父母在家庭教育中对孩子的社会交往能力的培养,可以帮助孩子更顺利地走向社会。

良好的教养是社会交往的加分项

社会交往能力是一项技能,并不是所有孩子生来就能在这项技能上拥有高分。还好,作为父母在这方面还大有可为,比如,良好的教养就是这项技能的一个巨大加分项。

还以前文夏枫的故事为例,如果夏枫换一种沟通方式:

第一天小组成员互相介绍时,她大方地把自己的姓名、爱好介绍了一下,最后还加了一句:"希望和大家成为好朋友!"有一位和她有共同爱好的同学一下课就来找她了。

同桌找她借东西时,夏枫说:"你是不是总是忘记带,要不你可以多买一套放在学校里,这样就不用带来带去,也能给书包减负,还能保证需要的时候有得用。"

同桌一拍脑门儿:"对啊!我怎么没想到呢!你真聪明!"

大家分配宣传工作时,夏枫委婉地说:"我下课时间要抓紧写作业,因为晚上还要写课外班的作业。这样吧,我只能先承担一小部分,如果有合适的同学再来替换我。"

同样的场景,用不同的表达方式表达出来就会带来不同的效果。而这类表达就是让人感觉舒服的"有教养"的体现。从这段表达中可以看出,夏枫表现出落落大方、关爱同学、愿意为班级工作服务的良好教养,让她能很快地融入新的团体。

第五章 与人相处——从自我到他人模式的学习型延展

怎么办

与人交往时，真诚的态度是最好的敲门砖。即使不擅言谈、身无长物，只要足够真诚，也能达到交流的目的，建设出良好的关系。

有一个家庭，16岁的儿子从小学开始就参加我组织的夏令营活动，跟我去过很多地方。他的妈妈也参加了"T.E.S.三分生态系统"父母成长课。妈妈在沟通课中学习到了一些方法，比如说赞美、情感表达等。她马上就将这些方法运用到了家庭的日常生活中去。

最开始，这位妈妈每次一遇到孩子做得好的事情时，就会马上说："儿子，你真的太棒了！妈妈开心极了！"

可是结果并不如预期的美好，孩子皱着眉头说："妈妈，您怎么说话怪怪的？"

妈妈感到不解："哪里怪了？我就是按照曼云老师教的方法做的啊！"

儿子说："话是一样的，没错，但您的说话方式和曼云老师不一样。曼云老师不会总说'太棒了'这类的虚词，而是先就我们的具体行为来分析，比如，先指出我们做活动时比较投入、每天的总结做得精彩、团队合作共同解决了问题等具体的事情，然后才开始赞美。因此曼云老师的赞美是发自肺腑的，脸上是发着光的，这让我感到她非常重视我们每一个人。但是您说'开心极了'时表情很严肃，有点儿搞不清您是真开心还是在讽刺我，我总觉得您是在盲目、敷衍地表扬我。"

妈妈也听乐了："这不是刚开始学习，还没学到位嘛！谢谢你对妈妈的不当方式做出积极的反馈！"

在小组讨论时，这位妈妈分享了这个案例，其他父母学员也纷纷响应：

"对，我们家也出现过类似的对话，孩子很敏感。"

在这个案例中，孩子所指出的问题并不是因为他敏感才产生的，这种在交流中捕捉对方的态度的能力每个人都有，只不过成年人之间更理性，不会当面指出来罢了。你在和一个人交往时，如果总是觉得对方说话言不由衷，一定也不会和他成为好朋友。

人际交往中，态度比方法更重要。如果得到的是真诚的回应，哪怕是不同的意见，人们也能悉心听取。

罗曼·罗兰说过，美好的东西时常是由于它是真诚的。

用真诚的态度可以帮你建设一段美好的关系。

尊重他人，是最温暖的礼仪

被人尊重是一种非常美好的社会交往体验。要想得到别人的尊重，首先要做到尊重他人，孟子曰：爱人者，人恒爱之；敬人者，人恒敬之。当我们在人际交往中对他人报以关爱和尊敬，往往会得到相应的回报。

我有一次在参加心理学专业培训的时候，有一位老师令我印象深刻。

在课上提问环节，有一位学员显然从业时间不长，提了一个明显水平过低的问题。在座的其他学员纷纷面露不屑，甚至还有不少人开始不满地窃窃私语，像是在质疑："这种基础问题还需要在课堂上占用大家的时间？"

那位老师则不然。他的态度全程都很温和，他没有打断那位同学的提问，哪怕那位同学的语言表达能力着实糟糕，一个简单的问题翻来覆去说了好久都还没表达清楚，那位老师也始终都保持认真倾听的态度。等到提问终于结束了，老师才请同学落座。

"这是一个很好的问题。"老师首先表示了对问题的认同，然后才开始进行解答。

你可以试着代入提问题的同学的角色，那么那位老师的态度是不是让你像三九天喝了一杯温开水那样身心舒畅？

能够以礼待人的人，总能让人感觉温和、舒适，哪怕是再简短的对话，也不忘对别人心怀善意和尊重。一个人的教养往往体现在这些细微之处。

换位思考能体现一个人的教养水平

有道是"良言一句三冬暖，恶语伤人六月寒"。同样的意思，你用不同的表达方式说出来，别人就会有不同的感受。过度自我的人往往在说话的时候容易口无遮拦，可是说者无意，听者有心，因此常常会造成不必要的误会。

我认可一种说法：情商低的人比情商高的人更自私，因为他们很少尝试换位思考。想说什么就说什么，从不去考虑听者的感受。有人会自我辩解："哎呀，我才不是恶意攻击。我这个人性子直，说话不会遮遮掩掩，刀子嘴，豆腐心罢了！"

这就是典型的偷换概念了，尖酸刻薄从来不等于直率坦诚。

哪怕是拒绝或者批评，也有不同的说法。

"多谢您的关心，可是我暂时不需要这项服务"和"用不着你多管闲事"，这两种说法，哪一种更有教养是一目了然的。

经常语出伤人的人，与其说他们情商低，还不如说是教养差来得更贴切。

当然，不会欣赏别人的人，也不会被欣赏。说话时注意语气和用词，多客观表达，少讽刺挖苦；多理解支持，不指责打击。

不给孩子的人际交往过度设限

在培养孩子的人际交往能力时，不是所有的父母都能系统地考虑到孩子的认知发展阶段，以及根据所受文化的影响制定出恰当的规则。而孩子是社会人，注定要遇到各式各样的人和事，杜绝和部分人来往只是治标不治本，只有提高孩子和不同人打交道的能力才能使父母真正安心。因此，不要根据自己的好恶过度地限制孩子的人际交往。

不要因为性格不同而设限

世界上没有两片完全一样的叶子，也不会有两个完全一样的人。每个人在他自己的生态系统中出生、成长，最终都成了独一无二的个体。如果因为他人性格、脾气不合自己心意，就不让孩子与人交往，孩子将会在陌生环境中变得无措。

星航妈妈是一位优雅的女士，有了孩子以后她就选择了做全职妈妈。她特别喜欢安静，孩子小的时候，找帮忙照看孩子的阿姨的一条重要标准就是不多话。

星航上幼儿园后，有时会邀请小朋友来家里玩，孩子们吵吵闹闹的，她感到心情很烦躁。后来，她不仅不让星航再请小朋友到家里来玩，也不让星航跟那几个闹腾的男生玩。有时大家约着一起出去玩，她会刻意选择安静的女生家庭同游。

星航慢慢长大了，但也越来越沉默，和人交谈时眼神总是闪躲。但妈妈却不以为然，觉得安安静静不打扰别人是一种美德。

等到上了中学，放假时，星航总是足不出户地玩手机。

妈妈看着儿子埋头沉迷游戏的样子，着急了："你怎么不出去找同学玩一玩，干吗总窝在家里看手机啊！"

星航头也不抬地说："您从小就不让我跟这个玩，不让我跟那个玩，我见人都不知道说什么，找谁玩去啊？"

不要因为身份不同而设限

在成人的世界中，对人总是有很多评价的标准，比如经济、学术、地位等。而在孩子的世界里则没有这么多的考量，他们更多的是凭借最直观的感受，所以他们能很快地玩在一起。

培养孩子的人际交往能力时，需要站在他们自身的立场上。不能因为某个孩子的父母在某些方面和自己有差距而限制孩子之间的交往。不同的环境中看重的规则不一样，这些差异组成了真实的社会，过度的限制会让孩子失去很多不同的人生体验。

在社会情境中学习交往

社会交往不是一个人的独角戏，也不能纸上谈兵。除了家庭中的教育和亲子间的互动外，真实的社会情境能让孩子得到更好的锻炼。

东林是个14岁的男生，今年刚上初三，长得人高马大。他和妈妈走进咨询室的时候，看起来很有气势。

东林在初二时，随父母工作调动转学到了现在的这所学校。刚上学半年，总有人投诉东林欺侮他人，老师也接二连三地叫家长。妈妈跟东林沟通时，东林总觉得自己没有做错。

我在跟东林的聊天中发现他性格比较内向，不擅长表达，为人很单纯。

经过了解，原来是刚转到新学校时，班里有几个小个子的男生总是有意无意地挑战他，搞得他不胜其烦。有一次在冲突中他顺手推了一把，没控制好力道，一个小个子男生就摔倒了。小男生爬起来后就哭着找老师告状，老师看看东林的块头，而东林又不想辩解，老师就相信了小男生单方面的说辞。类似的事情发生过几次后，他便给同学和老师留下了一个"狠霸王"的不良印象。只要发生冲突，就判定为他的责任，他觉得非常不公平，也很伤心。

后来东林参加了我的夏令营，我观察到他其实很愿意帮助人，当小队活动需要搬运比较重的器械时，由于他的力气大，这类活他全都包了。只是语言表达是他的短板，于是在团队分享时，我总是刻意多请他讲，开始时他还有些紧张，但因为每次发言后大家都真诚地鼓掌，他就变得越来越自信了。

有一天晚会前，他去另外一个队借道具，因为时间紧张，便只说了句"我们借用一下"，拿了就想走。这时，那个队的一位小营员抓着他不放。其他营员也围上来，说："不要仗着你个子大就欺侮人！"这种和学校里极其相似的场景出现了，东林也仿佛回到了学校，紧张、生气、委屈的情绪瞬间包围了他。我走过去，搂住他的肩膀，让他先平复情绪，再让大家安静下来听他说。这时同队的营员赶了过来，纷纷站在他旁边支持他。在大家的鼓励下，东林平复了情绪，缓慢却清晰地表达了借道具的需求，同时也对自己刚才没有征得同意就要拿走表示歉意。

类似成功的效果，在后面的几天里越来越明显。东林的话越来越多，朋友也越来越多。

后来，听东林妈妈说，回去以后，他主动找到老师长谈了一次，解除了误会。在跟同学交往时，他也注意表达清楚需求，慢慢交到了朋友，终于度过了新学校的适应期。

从"三分"角度培养孩子的教养

父母培养孩子的内在教养时需要章法和时间，可以从"三分"的角度，循序渐进地帮助孩子在与人相处时，做出得体的言行，表现出良好的教养。

一、身，客观存在

遵循客观规律。

孩子的成长是一个漫长的过程，每一个时间段都有其相应的认知特点，也有需要面对的任务。我在《好妈妈，真知道》一书中，详细描述过著名的心理学家埃里克森提出的人生发展八阶段理论和让·皮亚杰的认知发展理论。在教养的路上，父母也可以参考这些理论，根据孩子成长的阶段性任务及认知特点，给予对应的培养。

比如，在埃里克森所述的人生发展八阶段理论中的小学阶段，孩子的主

第五章 与人相处——从自我到他人模式的学习型延展

社会发展
- 事前练习
- 事后总结

客观存在
- 遵循客观规律
- 注意时间节点

主观体验
- 事前关注感受
- 事中关注差异

要矛盾是勤奋对自卑，这其实是培养自信、积极的行动和学习人际交往的好时机。父母可以鼓励孩子多进行社会交往，从中培养出积极、主动、自信的教养，同时获得成就感。这样也能激发出孩子社交方面的勤奋感，在中学阶段与他人交往时，会充满信心地积极行动。

注意时间节点。

成长的过程是一个有转折点的上升曲线，比如从婴儿到幼儿，从幼儿到少年，从少年到成人。孩子与人相处方面的教养形成也是伴随着这些时间节点一点点展开的。通常来说，在这些转折点之后，孩子要经历一段时间的适应期，而在转折点之前的那段时间，则是根据下一个缓慢上升阶段的内容对孩子进行教养的好时机。

过早和过晚都不会实现预期的效果。比如孩子刚1岁时，你跟他讲要礼貌待人就太早了，因为孩子还处在前道德阶段，对此完全没有概念。如果等孩子上大学后再告诉他与人交往时应有的教养，显然有些晚了。

晶晶上幼儿园前一两个月，妈妈跟她说："自己的事情自己做，别人的事情帮着做，大家的事情抢着做。"这是不给别人添麻烦、助人为乐、为团体负责的教养。

晶晶上小学前，妈妈跟她讲：要讲文明、懂礼貌，见到师长要问好；和朋友相处要多看对方优点；遇到不同意见时也要耐心倾听，不要轻易打断别人的话……这是言行有礼、积极、尊重他人的教养。

晶晶上中学时，妈妈告诉她，"勿以恶小而为之，勿以善小而不为""己所不欲，勿施于人"……这是正直善良、以己度人的教养。

良好的家庭教养形成需要父母在合适的时间对孩子进行恰当的培养，才能得到最好的结果。

二、心，主观体验

事前关注感受。

父母在孩子成长转折点之前，可以培养他与下一阶段相匹配的教养，但一定要注意，在讲事情、规则的时候，不要忘记关注孩子的心理感受。比如，问他对即将到来的新的人际关系是不是有一点儿紧张、担忧等。

如果孩子因为年龄关系而不能准确地表达他的心理感受，比如，孩子只是说很紧张，你就可以使用"量化评估"的方法，让他从0—10中给紧张打一个分。给孩子制造机会将自己的情绪清楚地表达出来，通过打分，让孩子直观地量化自己的感受，可以降低因"模糊"而带来的夸大，客观地看待自己，从而降低焦虑程度。

事中关注差异。

所有的计划都赶不上变化，所以你也不能抱着"该交代的我已经都交代了，剩下就看他自己的了"的侥幸心理，放任孩子自由发挥。父母还需要在每个新阶段的初期关注孩子的适应性问题。这些问题通常是由新旧认知的差异以及预期和现实的差距引发的。比如，感觉中学同学比小学同学之间的关系复杂多了；高中的同学都埋头学习，根本没有时间交朋友；新的班级同学之间的氛围与以前的完全不同从而引发焦虑、紧张等。

父母认可孩子的心理感受很重要，积极的要马上肯定，消极的要给予支持。

随时关注需求。

孩子的教养是日积月累形成的。除了转折点以外，每一次孩子因求知探索而发问时，也是很好的教育契机。

晶晶上小学一年级时跟着爸爸妈妈去走亲戚，看到3岁的小表弟一边吃饭一边到处跑，而姥姥追在后面喂饭。

她回家后问妈妈："姥姥年龄都这么大了，还端着碗追着小表弟到处跑，万一出危险了怎么办呢？"

妈妈反问道："你是不是觉得虽然小宝宝应该被照顾，但也应该关爱老人？"

晶晶点了点头。

从那以后，妈妈发现晶晶经常主动帮姥姥做事情。

孩子对人与人之间关系的好奇和思考可能发生在每一个瞬间，这个瞬间就是培养他们与人相处方面教养的最好时机。

三、育，社会发展

任何一条成功之路都不是用父母的阅历铺就的，而是由孩子自己走出来的。一个孩子的教养，当然不是父母说一说就自然具备了，从听到，到做到，还有一个内化的过程，这就需要孩子在现实中去运用和练习。

事前练习。

如果孩子将面临重大的变化，如踏入一个新的环境、进入一个新阶段，你可以和孩子一起探讨他可能会出现的问题、他最担心的环节，然后模拟出那个场景，并做角色扮演。比如，怎么和陌生同学交朋友？和同学发生冲突了怎么办？被老师当众批评了怎么办？等等。这种交流对小学升入初中或者更大年龄的孩子最为适用，因为孩子已经可以把他自己担心的那部分表达出来了。在探讨问题的过程中，父母不可轻视孩子的问题，认为这算什么啊，有什么可担心的。反而要注意，孩子能提出来的，很可能是他过去遇到过但没能很好解决的部分，对于他来说是有困难的，所以才会担心。

事后总结。

孩子在学校中独立发展人际关系，自己面对意料之外的困难，独自处理冲突。这些经历无论是成功还是失败，父母最好和孩子一起做事后总结。鼓励孩子在过程中的努力，肯定他的那些起到积极作用的言行，最后那些努力和言行就会成为对孩子来说有价值的经验，内化成他的教养。

人的社会性决定了人不可能不与他人产生交集。无论是真诚的态度、友善的言行还是对他人的尊重等，这些在与人相处时表现出来的良好教养都展示了对人的关怀。在日常生活的一点一滴中，在孩子成长的现实需要中，父母只要遵循科学的规律，就能把孩子培养成为一个富有人际吸引力的、有教养的人。

欣大侠的小故事

欣欣的生日会马上就要到了，这段时间她一直在给准备邀请的小伙伴写请柬。

我有些好奇受邀的小伙伴都有哪些，就凑过去看了一眼，发现欣欣正在对着一张请柬看，表情很是纠结的样子。

"这是给谁的请柬，怎么让你这副表情啊？"我忍不住问。

"是发给君铭的。"欣欣回我。

我听完更不解了。"君铭和你的关系不是一直都挺不错吗？你邀请他，他还会不来？"

欣欣沉吟片刻，不太确定地说："没准儿他还真不会来！"

第五章　与人相处——从自我到他人模式的学习型延展

"这是为什么？你们俩闹掰了？"我心里嘀咕，也没听说这两个小朋友吵架的新闻啊！

"我们俩倒是没绝交，就是怎么说呢，"欣欣想了好一会儿，像是一时找不出一个合适的形容词，"他升入五年级后整个人就变得怪怪的。"

"怎么怪？"

"他突然说男生要有男子气概，不能老和女生混在一起。"

我不禁哑然失笑。这个年纪的小男生的确会有各种微妙的小心思。

欣欣还在皱着眉头，继续说："不过这是表面上的，私下里君铭对我其实还不错。我忘了带文具时他会借给我，就是非得趁着没人的时候才给我，搞得我们俩跟特务接头似的。所以我也不知道他到底会不会来我的生日会。"

欣欣忍不住叹了口气，"妈妈，你说男生怎么这么麻烦呢？"

女儿唉声叹气，小大人一样烦恼的样子实在是可爱。我强忍住笑意，问她："那你决定好要不要邀请他了吗？"

欣欣想了一会儿，突然一拍桌子。

"请！虽然我估计有百分之九十的概率他会不来。"

"那你还请他？"

"我请不请是我的心意，他来不来是他的决定。毕竟我平时也总是接受他的帮助，邀请他就算表达了我的感谢和诚意。我也不会因为他不来而影响我的心情的。"

话音未落，欣欣已经把君铭的名字写在了请柬上。

☆ 我想与您分享 ☆

身：孩子们对同伴之间的友谊会随着他们年龄的增长和知识的丰富而发生变化。五年级的君铭对"男子汉"的认知就增加了很多新的意义。欣欣接受君铭的变化是个客观事实，并对自己的行为和对方的反应做出了理性的区分，没有把君铭的拒绝理解为他是对自己不满。

心：欣欣并没有因为君铭突然的"表面一套，背后一套"而生气，而是在试着去理解他。同时她在琢磨邀请朋友参加生日会时，依然把他当作朋友，还做好了被拒绝的心理准备。

育：我们在家庭教育中，经常鼓励欣欣设身处地理解他人。在与人相处时，这种尽可能丰富对他人的认识，可以帮助孩子理性对待哪怕自己暂时不能理解的行为，体现出包容的教养。

欣欣没有因朋友的突然改变而抱怨，而是把别人对她的帮助记在心里。这是她在和人交往时，有心怀感恩的教养。

说实话，我在听到欣欣最后一段话时，心里也有几分感动。我想这就是教养的魅力吧，良好的教养不分年龄、不拘于身份，每个人的闪光之处都值得学习。

第六章

榜样力量——教养是一种家庭生活方式

曼云会客厅

　　我和我先生这几年处在事业的关键上升期，难免有些顾不过来孩子，所以我婆婆经常会来帮着带孙子。

　　她老人家肯来帮忙，我自然是很感激的。只不过，有一些小细节一直让我感到很困扰。

　　我婆婆之前一直住在乡下，和我在理念上有很多合不来的地方。她有些不太好的生活习惯也会影响到我儿子。

　　比方说，我儿子最近吃饭开始嘬筷子头、咂巴嘴了。水龙头经常不关严实，浪费水资源。我说他了，但儿子总是振振有词，说把滴的水接到桶里可以用来冲马桶，这是节约。

　　我先生也是这样，但这些年我已经视而不见了，反正跟他说了他也改不了，可是我不能让我儿子也沾染上这些坏习惯。

　　这些日常的行为也就算了，我最忍不了的是我儿子最近有向"长嘴婆"发展的趋势。

　　我婆婆爱聊天，她来到城里后，在小区里结识了一帮和她差不多背景的老姐妹。每天下午，她们经常聚在一起说一些东家长、西家短的闲话。

　　白天我们去上班，我婆婆会带着我儿子去和老姐妹们闲聊。我最近经常从儿子嘴里听到"别人家的故事"。

　　我和婆婆暗示过，可她还是我行我素。我现在很为难，再这样下去，我担心儿子一旦养成这些不好的行为习惯就很难改了。

——来自D女士的分享

点对点，真知道

◎ **身**：这是老人帮忙带孩子的家庭常常碰到的窘境。养育者们因为文化、年龄、见识的差异，在无意中给孩子做出了不同的示范。年幼的孩子还不具备对一个行为的判断能力，所以会不由自主地模仿。

◎ **心**：同样的行为出现在婆婆身上时，D女士不接受，但又碍于身份，心有顾虑；出现在先生身上时，她说服未果，失望之余只能选择无视；但当出现在孩子身上时，D女士对儿子的教养问题产生了深深的担忧。

◎ **育**：在家庭中，每个成年人都从原生家庭中带来了自己不同的习惯，这些都无可厚非。但当一个家庭有了孩子后，父母或者其他养育者的言行会成为无意识的教育，这就是"身教"。在D女士的家庭中，她率先意识到了这一点并试图减少负面影响。但她采取的意味不明的方式并没有得到希望的结果。

我给D女士的建议就是把孩子的教养问题从她个人的担心变成全家人的关注，邀请所有家庭成员参与进来，共同努力。

首先，把儿子的教养问题提到一个全家人需要共同努力的高度；得到先生和婆婆的认同。

其次，把希望儿子具备的言行举止用家庭规则的方式明确下来。

最后，邀请家里的成年人共同为孩子做出示范。

后来，D女士发现丈夫开始约束自己的不良行为，就连孩子奶奶也变得越来越配合。

是什么

家庭榜样的力量会影响孩子的一生。

俗话说：龙生龙，凤生凤，老鼠的孩子会打洞。除了孩子从父母身上继承的先天基因之外，父母后天的言传身教也对孩子的教养和人格塑造起到至关重要的作用。

有努力奋斗、积极乐观的父母，也有怨天尤人、懒惰市侩的父母，在不同类型的父母影响下，孩子也会跟随着父母的脚步走上相似的道路。

德国哥廷根教育学院教授克劳斯·莫伦豪写过一本教育学经典著作，叫《被遗忘的联系：文化与教养》。这本书被国际上认为是20世纪德国对教育和课程理论的重要贡献之一。

在作者莫伦豪看来，通过父母的智商和收入、孩子所在学校的排名等并不能得出孩子的教养水平。教养是一种复杂、特殊的经历，根植于个人的经历、文化和历史中。教养是通过与家庭成员的相处被塑造的。

对孩子教养的塑造，大多数父母往往并不会刻意而为，而是在成年人的"生活方式"中，孩子被潜移默化影响的过程。在《被遗忘的联系：文化与教养》这本书的序言中，莫伦豪写道：即使是最激进的"反教育主义者"，也无法避免在孩子面前表现出成年人的"生活方式"。

这就是说：在生活中，无论你是有意还是无意、主张或回避、积极或消极，都为孩子的"生活方式"提供了可参考的例子，在一定程度上影响了他们教养行为的养成。这就是孩子的教养在形成过程中，从家庭中获得的榜样的力量。

为什么

父母的言行，孩子随时随地会学习。

作为距离孩子最近并且对孩子影响最大的养育者，你需要明确一件事，那就是你身上的榜样光环是全年无休、全方面、被动开启的。

换句话说，这个榜样既不是你想当就能当，也不是你不想当就能不当的，而是不管你有没有意识，乐不乐意，孩子都会学习你，并且这个学习的行为是随时随地都会发生的。

需要注意的是，幼小的孩子的三观还在塑造中，"榜样"这个词对于他们来说是一个中性词。当与父母相处时，他们不只会学习父母希望他们学到的那些内容，同样也会学到父母身上的不良言行。

孩子的学习行为是自然发生的，他们天生就具备模仿能力。并且，在0—6岁的"他律道德阶段"和7—12岁的"自律道德阶段"，孩子会有遵从成年人标准和服从成年人规则的义务感。

4岁的天天这段时间很喜欢吃巧克力棒，有一天妈妈突然发现儿子吃巧克力棒的姿势不太对劲。

观察了一段时间后，妈妈越看越觉得儿子吃零食的动作和爸爸抽烟的动作如出一辙。

妈妈问天天为什么这么吃，天天倒是没意识到自己是在学爸爸，只是觉得这个动作很帅。

在家庭中，养育者的行为对孩子会产生影响，这并不是近些年的新鲜的观点。早在公元1世纪，罗马最有成就的教育家昆体良就认为，绝大多数儿童缺少的不是天赋能力，而是培养。教育水准高、重视培养儿童的父母，他们的孩子也会有所成就。

正如孔子曾说:"欲教子先正其身。"

想要培养出孩子良好的教养,父母不仅要提高自己的教养水平,还要在与家庭成员相处中注意自己的言行举止,做好榜样,润物无声般地塑造孩子。

怎么办

停止敌意,为孩子与世界和解

每当我遇到一个"问题"孩子,我总能通过他的外在表现看到其父母的行为模式。

美国著名作家詹姆斯·鲍德温曾说:"虽然孩子们不听父母的话,但他们却很擅长模仿父母的行为。"孩子就像父母的镜子,他们会反映出父母身上的特质。

舒畅和妈妈走进咨询室时是一个初夏的早晨,阳光透过窗户照进来,一室清明。

舒畅今年15岁,上高一。他因为在学校总被同学欺负,所以第一个学期都没去上学。舒畅常和他的妈妈说想转学。

咨询室里从头到尾,舒畅都没有主动说过一句话,也没有回答过我任何问题。这些信息都是他的妈妈说的。舒畅的妈妈满面愁容,喋喋不休地诉说着,偶尔也会形式化地向舒畅求证一下:"是吧?"

然而不等儿子回复,妈妈便接着往下说。

妈妈接近50岁,面色暗沉,逻辑清晰,言辞犀利。

"我的生活很不幸,儿子刚1岁时丈夫就跟我闹离婚。我自己是公务员,不依靠他也一样能生活,但是我不能放弃儿子,所以我争取了舒畅的抚

第六章 榜样力量——教养是一种家庭生活方式

养权。"

我从妈妈的脸上看到了为母则刚。

"但是我们单位领导特别不能理解人，儿子上幼儿园时，我得接送，领导说我迟到早退影响不好，就直接给我安排了一个闲职。从那时到现在，工资便一分没涨，单位的成绩也没我什么事，您说这不是欺负人吗！我现在就盼着早点儿退休，不用看着他们来气。"

我从妈妈的表情中读出了抱怨。

"从我前夫不负责任地抛弃我们娘儿俩开始，我们就一直走霉运。我儿子经常哭着从幼儿园回来，原来他们班里有几个坏孩子，太调皮捣蛋，老欺侮他。"说到这里她转向儿子，"是吧？"舒畅仿若未闻地低着头。妈妈看着我接着说："我找完他们老师找园长，他们也一直没有给我一个满意的答复，后来这些老师干脆都不接我电话了。"

我给妈妈递了杯水。

妈妈继续说："好不容易儿子从幼儿园毕业了，进一所很不错的小学。没想到在那里又遇到一个坏孩子，天天不是拿我儿子的东西就是推他，他们老师没经验，当着全班同学的面一起处理矛盾，这孩子虽然表面道歉了，背地里却说我儿子小肚鸡肠。我又去找那孩子的家长，结果那位家长说孩子的事让孩子自己解决，这么点儿的小孩子能解决吗？！我要求校长处理那孩子，但校长却说没有证据不能随意处置学生。这怎么证明？难道非得我儿子被打得鼻青脸肿吗？！"

……

在第一次咨询的90分钟里，我从妈妈历数儿子15年来求学的坎坷经历中、从舒畅一言不发的埋头静默中，感受到了不幸、抱怨、愤怒和对他人的不信任。

这些负面情绪像一层阴霾，一直笼罩着他们母子，就连夏日的阳光仿佛都暗淡了。

显然，妈妈的态度深刻影响了舒畅对这个世界的认知。当他以及母亲的力量无法和整个世界抗衡时，当他在一个个新的环境中被"不公正对待"时，他感到无能为力甚至绝望，只能退缩回家，以此来保证自己的安全。当孩子辍学在家时，妈妈也不需要再时时刻刻冲到学校中充当斗士。

后来了解到，舒畅妈妈对他人满怀敌意的态度，一部分是来自原生家庭中重男轻女、从小被父母不公正对待的影响，一部分则来自被前夫抛弃的愤怒。但她并没有试图去调节这些负面情绪，而是用战斗的方式与全世界为敌。

舒畅也受到了妈妈与人相处模式的影响，在学校中很容易被激怒，对同学产生敌意，对老师不信任……由于经常受到负面情绪的影响，舒畅无法继续在学校中学习。

通过沟通，舒畅妈妈开始反思孩子与人相处方面的教养深受自己的影响。为了孩子开始改变自己的态度，甚至暂时放下对前夫的怨恨，允许爸爸带儿子去过几次周末。母子两人又一起上了"T.E.S.亲子沟通课"，重新梳理了从小到大在学校发生的"被欺负"事件，这才发现，很多所谓的霸凌事件其实只是母子俩单方面揣测，学生的很多行为都可以被善意解读。他们还在理解尊重他人、积极视角和真诚表达等方面做了充分的练习。高二下学期，舒畅顺利地回到了学校。

最后一次咨询是在开学后的一个多月，看着妈妈脸上的笑容，我想到了泰戈尔在《飞鸟集》中的诗句：世界以痛吻我，我要报之以歌。当妈妈放下成见，试着和这个世界和解时，儿子也去除敌意，试着去走进学校，接纳他人。

行胜于言，用行动影响孩子

言传身教，言传你一定不陌生，这是家庭教育中父母最常使用的方式，但是身教就不一定了，因为父母总有自己的理由：

"你学的东西我早就学过了，你能跟我比吗？"

"我上一天班这么累，晚上出去打会儿麻将放松一下怎么了？"

第六章 榜样力量——教养是一种家庭生活方式

"妈妈白天洗衣做饭收拾家,接送你上学,送你上兴趣班。也就晚上有时间刷会儿手机,你还总叫我!"

在有关孩子学习方面,父母都希望孩子能主动、自律、有规划、有条理,却忽略了自己的行为对孩子的影响。

我在网上看到过一个家长辅导孩子写作业的视频。

视频里的孩子在写作业的时候三心二意、东张西望。最后爸爸实在是忍无可忍了,便拍着桌子对孩子吼了一通,孩子才老老实实地写作业。

然后,爸爸边玩手机边盯着孩子写作业。孩子则不情不愿地写着作业,还时不时瞥一眼爸爸的手机。

很明显,视频中的爸爸自己都做不到专注地陪着孩子学习,所以当家长要求孩子专心致志学习时,孩子就不能真正理解专心的意义。

英国心理学家希尔维亚·克莱尔说过:"如果你自己都不准备去有所成就,那么你也不能期望你的孩子去做什么。"

父母的行为是对孩子最好的培养。

我有一位学员,一家三口都非常优秀。父母在各自的领域里小有建树,孩子常常拿到年级第一的成绩。

他们亲子关系也很好。每次我的"T.E.S.父母成长课"开新课的时候,孩子妈妈都是第一个报名。

有些人就很好奇:"你们家孩子这么优秀,您哪里还用学习呢?"

她说:"我学习家庭教育不仅是为了教育孩子,也是为了自己啊!在我们家,学习是每个人的'兴趣爱好'。"

如果父母热爱学习,把学习当作"快乐的事",那么孩子会自然而然地爱上学习。

同样,如果父母孝顺老人,那么未来也能得到孩子的敬重;父母言行得当，孩子也将表现得有教养。父母希望孩子具备哪些素养，自己率先做到，这对孩子的影响比语言的教育效果更好。

理解并接纳，良好的亲子关系可以相互成就

有些父母不能接受孩子的不完美，是因为他们没有看到自己身上的瑕疵。如果父母只是盯着孩子的缺点，在无尽的指责纠正中，不仅破坏了亲子关系，也起不到教育作用。

常常会有朋友问我：曼云，你懂那么多家庭教育的知识，一定把女儿教育得很完美吧？

世界上并没有完美的人，欣欣当然也不是，她在自我管理方面就有很大的成长空间。

比如，欣欣对美食总是难以抗拒，节假日会晚睡晚起，做运动时也总是不能坚持到底。对此，我和有些父母的不同可能就是更能理解她，且不会苛求她一定要做到什么程度。

因为，这同样也是我的短板，欣欣的表现好像就是一面镜子，照出了我自己的样子。

也正是因为有了这份理解，欣欣越长大，我们的关系越像彼此认同的朋友。有时也会互相打气一起运动，相互督促早睡早起。

涛涛是单亲家庭的孩子，在他还不记事的时候，父亲就离开了。从有记忆开始，就是妈妈一个人把他拉扯大的。

为了给儿子提供更好的生活，妈妈的工作很忙碌。但是为了能够给孩子足够的陪伴，妈妈很少在公司加班。如果有额外的工作，妈妈也会带回家里继续完成。

后来，妈妈从公司辞职，开始自己创业。创业初期，妈妈遇到了许多挫折和意外。在面对和解决这些困难的时候，妈妈从来没有刻意避开过儿子。

等到涛涛稍微大一点儿，如果条件允许，妈妈会带着儿子去自己的办公室。于是办公室里经常会出现涛涛在一边写作业，妈妈在另一边办公的画面。

因为从小就直面了妈妈工作的场景，涛涛一直都知道赚钱的辛苦，也很心疼妈妈的付出。涛涛一直都比其他孩子更加独立，从小学五年级开始，就已经开始自觉给妈妈帮忙。妈妈也没有让涛涛什么都不要管，而是乐见其成，鼓励涛涛帮助她，现在涛涛已经是妈妈的"小助手"了。

感受到儿子的理解和支持，妈妈工作的时候更加有动力。此外，她也会有意识地在工作之余教儿子一些为人处世的道理和管理方面的技巧。

涛涛像海绵一样从妈妈那里汲取知识，经常还能举一反三，向妈妈提出相当犀利的问题。

儿子的反馈经常能给妈妈新的启发，同时为了回答儿子的提问，妈妈也开始在工作之余进行学习，补充新的知识。这些新的知识也在之后的工作中给妈妈提供了助力。

妈妈时常对涛涛感叹："如果没有你，妈妈的工作不会像现在这么成功，你可真是我的小福星！"

父母都愿意为孩子付出，只是付出的内容不一样。有些父母肯为了孩子花钱；有些父母肯为了孩子花时间；有些父母肯为了孩子不断学习；还有些父母在不放弃自我成长的同时，也全力支持孩子成就理想的自己。

在这个故事中，涛涛和妈妈更像是最后一种，他们家虽然是单亲家庭，但是涛涛和妈妈都非常接纳自己家庭的状态。妈妈没有自怨自艾、凄苦度日，儿子也没有抱怨现状、羡慕他人。妈妈努力工作建设这个家，并不回避儿子知道生活的真相；涛涛在看到妈妈的辛苦时，会主动帮忙做事。他们彼此理解、彼此支持，最后彼此成就。这种状态可以说是许多家庭梦寐以求的。

父母给孩子最好的教育不是报最多的班、买最贵的教材、请资历最深的老师，而是自己先去努力做好自己。

真正好的家庭教育，并不是只有孩子单方面得到收获。沟通是双向的，教育也是如此，正所谓教学相长，父母与孩子共同成长、互相成就的过程才是理想的家庭教育。

当父母用自身的努力和成长感染到孩子时，孩子往往能爆发出惊人的能量。

良好教养是示范榜样的力量

在本书的第四章和第五章中，我着重讲了教养是如何从衣食住行、行为习惯、人际交往、自我管理等方面体现出来的。

这些行为，尤其是做出有教养行为的家庭成员，是孩子的榜样，会在日常生活中对孩子产生潜移默化的影响。

榜样应尽量多元化

榜样可以是家庭成员，可以是孩子身边的老师、同学，也可以是一些专业人士或者名人名家，也可以是普通人等。在这其中，家庭榜样无疑是最重要的。

在人际交往方面，父母之间、亲子之间沟通时，父母都是在给孩子树立榜样。比如，父母如何表达关切、如何处理冲突、如何协商合作等。因为父母是离孩子最近的成年人，孩子关于为人处世的最初印象往往就来自父母的榜样力量。

在日常行为方面，想要孩子少玩手机，父母就要先学会放下手机；想要孩子温文尔雅，父母就要先学会谦逊有礼；想要孩子学识渊博，父母就要先学会拿起书本。以身作则远比嘴上讲一千遍大道理更能深入人心。

除了父母之外，孩子也可以从身边认识的人身上学习，同学、老师、朋友都能够成为孩子的榜样。切记，要让孩子自己去寻找榜样，而不是由父母指定。

"你学学那个某某，把人家当你的榜样！"如果父母总是这样对孩子说，孩子有可能会产生逆反心理。

向榜样学习要有选择性

孟子曰:"尽信书,不如无书。"指的是读书要有自己的见解,书本上的知识不要照单全收。

这种对待知识的态度,同样适用于对人。世上无完人,哪怕是伟人,也不是完美的。你可以引导孩子学习榜样的某些方面,比如意志力和自律性等,但不必要求孩子复制榜样的一切。同时要让孩子明白,即使是向榜样学习,也要有自己独立的思考能力和分辨力。

苏联著名作家法捷耶夫曾说:"青年的思想愈被榜样的力量所激励,就愈会发出强烈的光辉。"

在孩子成长的过程中,无论是父母还是其他人,榜样的力量都能给他们起到示范作用,有助于孩子养成良好的教养。

教养是家庭的名片

当一个孩子行为不端时,有人会说他教养差,有人会说他没家教。两者都表达了一个意思,那就是"养不教,家之过"。一个孩子的教养不仅代表他自己,还代表着父母的修养和家庭的文化。

再往前追溯,中国古代重视家族观念,每一个人在外表现出来的教养不仅关乎他个人,甚至影响着整个家族数代的风评。所以对个体不当行为的评价往往会关联着家族甚至祖先,比如"不肖子孙""纨绔子弟""有辱家风""家门不幸"等。

此处"不肖子孙"的"不肖"并不是"不孝"的谐音,而是指子孙没能像先祖那样拥有优秀的教养和品德。由此可见,古人把教养赋予了家族传承的重要意义。

昊昊、格格还有涛涛一起参加夏令营。

老师规定了每天早上起床集合的时间。

涛涛总是最早到达集合地点，昊昊习惯踩点到达，格格总是因睡过头而迟到。

格格迟到的次数多了，夏令营里的其他小朋友难免不高兴。有一次格格又睡过了头，昊昊一看到格格就气不顺地大声说："你怎么又迟到啊，每天都让我们这么多人等你一个，你可真是个自私鬼！"

格格一听马上就红了眼圈，她也很委屈，"在家的时候一直都是爸爸妈妈叫我起床，我之前都不知道还需要自己上闹钟。而且平时不管什么东西，爷爷奶奶都会帮我提前准备好，我还是第一次自己穿衣服、挤牙膏、梳头发，我也不知道要花这么长时间啊！"

昊昊听了格格的话睁大了双眼，想都没想就嘲笑起来："连挤牙膏都不会？你这简直是三等残废啊！"

"我，我才不是残废！"

说完，格格就哭了起来。

涛涛作为小组长，赶快上前安慰格格。

"格格你才不是三等残废，你只是之前没有锻炼自己的机会。不管是谁，遇到不熟悉的事情，一开始做不好都是正常的。现在，你独自出来参加夏令营就已经迈出了重要的一步，你可以先从定闹钟开始一点点地练习。你先算算起床后都要做哪些事，每件事情又要花多长时间，然后再根据这个时间来定闹钟。"

在涛涛的安慰下，格格才终于不哭了，一旁的昊昊也暗暗松了口气。

格格的自我管理能力不及格，显然是一家人对她过度保护的缘故。而昊昊的说话方式暴露了他不太体谅别人的特点。与这两个小朋友相比，涛涛就显得更有教养一些。

在这个故事里，从三个孩子在外面的表现，就能让人看到他们各自的家教。

可见，一个人的教养是其家庭整体素质的名片。

第六章 榜样力量——教养是一种家庭生活方式

终身学习是一种生活方式

大部分父母都有一种思想的谬误，认为学习是学生时代的任务，成年后就不用再学了。

兜兜的妈妈最近开始上"T.E.S.父母成长课"，听课、写作业、小组讨论，每天晚上都忙着学习。

有一天晚上都快11点了，兜兜妈妈所在的学习小组还聊得热火朝天。

兜兜不解地问："你们大人学习不是听听课、开开会就行了吗？怎么您和这几位叔叔阿姨还废寝忘食？"

妈妈笑着说："学习从来都不能敷衍了事啊，不认真的结果就是既浪费了宝贵的时间，又得不到预期的效果。我们成年人的记忆力不如你们少年儿童，反而更应该加倍努力呢！"

每个人在日常生活中能看到、听到的都非常有限。只有通过不断地学习，自己心灵的眼睛才能看得更远，思想的脚步才能去到更广阔的地方。世界这么大，即使终身学习，得到的知识也寥若晨星。

父母坚持学习的意义，不仅能让自己获取知识，还使孩子观察并学习到父母的学习习惯。

坚持终身学习的父母就是孩子学习最好的榜样。

小鱼（11岁，女）的妈妈是一位自由职业者，因最近在考注册会计师证，桌上堆满了资料。

放暑假了，小鱼也在家里写暑假作业。

一开始，母女俩还都安安静静地各自在自己的房间学习。没过多久，小鱼就开始反复"召唤"母亲。

"妈，你来帮我看看这道题怎么写！"

"妈，我的尺子去哪儿了？"

"妈，你还记得上学期我买的那本字典放在哪儿了吗？"

"妈，这个字怎么念啊？"

"妈……"

"妈……"

小鱼的妈妈被叫得脑壳发紧。一开始妈妈还能坚持做自己的题，可是没过几分钟耳边就传来女儿"招魂"一般的叫唤声，搞得妈妈怎么都集中不了注意力。

最后妈妈实在受不了了。

"小鱼，你能不能安静地写一会儿作业？不要老叫'妈'！"

"可是，妈妈，你之前不是说过，我有问题能请你帮助的吗？"

"我是这么说过，"妈妈按了一下太阳穴，"但是我希望你能够尊重一下我的学习习惯。我喜欢全神贯注地把计划好的部分一鼓作气学完，因为我的学习节奏一旦被打断，就需要调整一段时间才能重新进入之前专注的状态。你刚才老是叫我，我精神就没有集中过，这一上午的学习效率都很低。"

"哦……"小鱼点了点头，又问，"那要是我有问题问你呢？"

"那你可以把不会的问题先攒一下，等我做完这部分题再统一回答你。"

"好吧。"

小鱼想了想，还是同意了。

从那之后，小鱼写作业时叫妈妈的频率就大幅度下降。因为小鱼知道，即便喊妈妈，自己也不会得到妈妈即时的回应，她于是开始学着解决一些自己想想办法就能解决的小问题，然后把重要的问题留到最后再问妈妈。

一个暑假过后，小鱼的学习习惯发生了很大的变化。她学会了快速对问题分类、总结；安排学习时间更合理；由于减少了场外求助的次数，她写作业时候的专注力也得到了提升。

小鱼的妈妈发现，原来手把手地教、苦口婆心地教育，都没有这个暑假亲子共学得到的效果好。除此之外，从以上两个示例中我们不难看出，兜兜的妈妈和小鱼的妈妈的行为也给孩子示范了一种终身学习的生活方式。

现在你已经知道，孩子们能够从成年人的世界和媒体中获得清晰而可观的信息，并对成年人呈现给他们的行为、习惯和态度做出反应。孩子反应时的言行就构成了他外在表现出来的教养。

作为对孩子影响最为深远的人，父母需要用智慧规划，用耐心坚持，多练多思、以身作则，尽量使自己展示出来的生活方式始终是对孩子有帮助、有意义的。

教育不是水漫金山般地灌输，而是润物细无声地浸染。

对孩子教养的培养，也是如此。

欣大侠的小故事

我们家周末总是吃得比较丰盛，还常常会喝些饮品。不管有没有需要庆祝的事，只要兴致来了，我们都会举杯相碰一下。

有一次，我们三人一起碰杯时，欣欣突然忍无可忍地对我和爸爸说："你们俩下次能不能举得高一点儿，我已经不能再低了！"

"什么不能再低了？"我下意识地问了一句。

"杯子啊！"欣欣举了举手里的高脚杯。

我看着欣欣手里的杯子，杯子底部的确已经碰到了桌子。

我有些意外，故意问："你为什么要把杯子放低？"

欣欣理所当然地说："您不是说过和长辈或者尊敬的人碰杯的时候，要把杯子口低于对方吗？"

"我好像还是在你很小的时候说的，没想到你记得这么清！"我感慨道。

"您是就说过一次，但咱们全家一起吃饭时，您和爸爸向爷爷奶奶敬酒时不就总是这样嘛！"接着，她不甚在意地说，"这种小事哪里还需要您反复教，我看几次就记住了。"

我和爸爸马上对她竖起大拇指，为她的学习能力点赞。

欣欣高兴之余还不忘主题，再次强调："爸爸妈妈，你们下次可别忘了把杯子举高一点儿啊！"

"好，没问题！"

我想与您分享

身：碰杯几乎是每个人生活中都会经历的小事，小到我们甚至在培养欣欣生活教养时忽略了它。

心：当欣欣坚持在碰杯时低于我们的杯沿时，我能感受到她发自内心的对父母的尊敬，这令我欣慰和喜悦。

育：《礼记·中庸》中讲："博学之，审问之，慎思之，明辨之，笃行之。"这是古人谈学习的五个阶段。在碰杯这件生活小事上，欣欣从我讲的道理中学习了这种规则的意义；在实际生活中看到我和她爸爸对这件事的态度后，她自己有了理解和思考，于是她自然而然地重视并运用。由这件小事可见，教养形成和学习一样，也经历了从学到思、从思到行的过程。

在这个过程中，我有意的言传和无意的身教都起到了积极作用。

品格篇

好品格助力孩子赢在未来

提起品格，你可能会想到专注、坚毅、节俭、果断、勇敢、严谨等。品格是一个人的基本素质。从字面意思来看，"品"有众多、等级的意思，"格"的本义为树木的长枝条。你可以把品格理解为品性、性格，是一个人表现出来的比较突出和稳定的气质特征。

品格可以分三层来解读。

第一，品格是一个人的基本素质，它决定了个体回应人生处境的模式。

第二，品格是个人比较突出、稳定的品质和能力。

第三，一个人的品格是众多的、个性化的。

我在多年面向孩子的工作中，发现有三类能力经常成为孩子成长路上的绊脚石，分别是面对挫折、挑战和诱惑的能力。所以，我想在品格篇重点分享这三个方面的内容，并在接下来的三章中分别呈现。

第七章

跨越挫折是提升能力的契机

曼云会客厅

我儿子泓泓今年上初一,他刚上了一个月就不想去学校了。我和孩子爸爸问他为什么,他说这个学校的同学都太冷漠了,不像小学同学那么热情,前几天老师让自由组合小组讨论,都没有人来找他,特别尴尬。

后来经过全家一起分析,我们都认为泓泓之前交朋友没有什么问题。他的幼儿园和小学都是在我们小区附近上的,同学中有很多同小区的小伙伴,所以他根本就没有什么社交障碍。升初中时,他升入了一所离家较远的学校,就和之前的小伙伴分开了。他现在的初中整体氛围又和小学时不一样,好多同学还是从附属小学直接升上来的,早就互相认识。泓泓作为后来者,确实难以打入人家的小团体。

我和儿子沟通过,开学刚一个月没有朋友很正常,之后努力就是了。再说了,学习又不是给朋友学的,也不能因为没朋友就伤心得上不了学啊!可是无论我们说什么,泓泓都说他努力过了,还是没用。我和孩子他爸现在是各种方法都试过了,实在是不知道该怎么办好。

——来自泓泓妈妈的分享

💡 点对点,真知道

◎ **身**:泓泓当前的学校生活发生了很大变化。客观环境变成了一个全新的学校,同学的组成也由原来熟悉的、校内校外都有交集的小伙伴变成了完全陌生的团体。

◎ **心**:从小学到中学,孩子既面临着学业的转变,也经历着心理的变化期和转折期。他在面临新的社会要求时会感到更加困扰和混乱。与此同时，泓泓还在同伴关系中遭遇了挫败，这让他倍感沮丧和无措。

◎**育**：类似于泓泓这样的遇到挫折选择退缩的孩子有很多，父母只要方法得当，也可以培养出孩子在挫折面前勇敢克服困难的品格。

我建议父母先充分理解处于成长转折期的泓泓的举动，不要轻易否定这些负面情绪，然后再帮着泓泓一起面对问题，找到具体的解决办法，把小学时无意识的同伴关系转变成刻意的人际交往练习。比如积极承担一些班级任务，在个人分享时多表达，主动和同学们交流等，并根据一些实际场景在家中练习。

后来，泓泓渐渐有了些信心，回到了学校，也交到了新的好朋友。

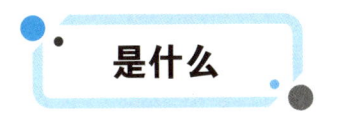

是什么

挫折，简单来说就是遭遇失败，指一个人在完成目标的过程中遇到压制或阻碍，使进展不再顺利甚至停顿。除了外在的客观情况之外，挫折还很容易给人带来消极的心理体验，比如不安、沮丧、失望、痛苦等。这些就是人面对挫折时的反应，可以简称为挫折感。

《剑桥词典》对"挫折"的解释是：因为无法实现自己想要的东西而感到恼怒或缺乏自信的感觉，或让你有这种感觉的东西。这个解释里面就增加了人主观的心理感受。

虽然挫折带给人的感受有相似之处，但人们在遇到挫折时的应对模式却不尽相同。

有人面对挫折时选择临阵逃脱，退避三舍；

有人遇到挫折就谨小慎微，犹豫不前；

也有人在受挫时越挫越勇，全力以赴、奋力前行。

这些表现就是由每个人的品格决定的。品格和教养不同，教养更多地体现在人们外在的行为举止上，而品格则更多的是内在的素质，体现在人们应对事物的模式上。这种模式在特殊情境下尤为凸显。比如面对挫折时，个体的表现就显示出强烈的个人品质和能力。

为什么

挫折感会带来破坏性

培养孩子的品格，建设出应对挫折感的积极模式，可以帮助孩子减少因挫折感带来的破坏性。

有一个心理学理论叫"挫折攻击理论"，核心观点是指当人的动机、行为

第七章 跨越挫折是提升能力的契机

遭到挫折后会产生攻击和侵犯性反应,甚至引起犯罪。

当人们有强烈的动机要达成某个目标,或者对结果有很高的预期,却在行动的过程中受到阻碍时,人的攻击性很容易被激发出来。

糖糖今年5岁,人如其名,特别爱吃糖。妈妈看到他的小牙齿已经长了很多龋齿,开始严禁糖糖吃糖。

过年时家里来客人,妈妈摆出了糖盒,里面装了五颜六色的糖果。妈妈送走客人后回来一看,糖糖的小手正伸向糖盒。妈妈几乎是条件反射似的打了一下他的小手:"不许吃!"

这时,糖糖达成目标的过程被阻止了,他虽感受到了挫折,但体验到的挫折感不强,他并没有放弃实现目标。

糖糖不敢再伸手,可是那小眼神眼巴巴地盯着糖不舍得挪开。正当妈妈准备把糖盒收起来时,忽然接到一个电话。糖糖一看妈妈没注意,就又快速伸出小手。没想到妈妈虽然接着电话但还眼观六路,一把就把糖盒拿走了。

再次受挫之后,糖糖的挫折感增强,绝望而愤怒的情绪主导着他。他一屁股坐在地上号啕大哭,一边哭一边把茶几上的书扔到了地上。

一个人感受到挫折感时,就有可能做出发脾气、摔东西、哭闹、打骂等攻击性行为。只有当这种攻击性行为消失后,人才会回到正常状态。不论是在成年人和儿童中,还是在个人和群体中,这种情况都存在。

请注意,并不是所有的挫折都会转化为攻击性行为。比如,懦弱的人遭受挫折时会变得紧张和退缩,坚毅的人受到挫折后反而被激发了斗志,谨慎的人在挫折面前会更加深思熟虑等。

如果父母刻意培养了孩子面对挫折时的积极品格,那么孩子可以更有效地降低挫折感,从而尽可能减少攻击性行为的发生。

当然，在遇到挫折时，父母都希望自己的孩子具备不屈不挠、迎难而上的积极品格。但为什么通常并不能如我们所愿呢？

了解挫折反应的内在机制

1952年，当时在多伦多大学攻读博士学位的乔尔·戴维兹进行了一项实验，以观察受挫折儿童的反应。

实验第一步，把儿童分为四人一组，按小组在一起游戏、玩耍。实验人员对其中一些小组的儿童进行了教导，让他们用建设性的方法对待别人，他们做出这样的行为后会得到奖赏；其他小组的儿童则没有接受这样的教导，反而当实验人员观察到他们做出攻击性或竞争性行为时，会奖赏这些儿童。

实验第二步，实验人员故意做出一些设置，使所有参与实验的儿童感受到挫折感。

其中一个设置是，实验人员事先告诉儿童，将为他们播放一部娱乐片。影片开始放映后，实验人员给每位儿童都发放了棒棒糖。但是，当影片进行到最精彩的环节时，实验人员突然中止放映，并把儿童手中的棒棒糖收回。

实验第三步，实验人员让这些对影片和棒棒糖意犹未尽的孩子自由玩耍，同时开始观察孩子们表现出来的攻击性或建设性行为。

最后结果对比很鲜明：和未接受过建设性行为训练的儿童相比，那些接受了建设性行为训练的儿童表现出的建设性活动更多、攻击性行为更少。

由此可以得出：儿童受到挫折后的行为跟他接受的教导有关，这些行为在获得鼓励并被强化后会内化成他的品格，并成为他应对挫折的反应模式。

这个结果对父母来说真是一个好消息，因为这恰恰说明在应对挫折方面我们可以按照这个内在机制和自己认同的方向，培养出我们希望孩子具备的积极品格。

怎么办

也许你因为孩子年龄还小、学习生活比较稳定、没有遇到挫折等原因，认为并不需要关注这方面品格的培养。这实际上是一个认识上误区，因为挫折并不是发生大事时的产物，而是随时随地都有可能发生，有可能是在无意中，孩子应对挫折的模式已经形成了。

与其亡羊补牢，不如在孩子还未养成固定的挫折应对模式之前就开始未雨绸缪，尽早让孩子在面对挫折时能够用对正确的方法，不被不良情绪左右，从而养成稳定、积极的品格。

把挫折视为提升能力的契机

挫折并不总是负面的，我们要学会辩证地看待挫折。

人生在世，不如意之事十有八九，挫折无处不在，可能会伴随终身。

智慧的挫折教育无须人为地去创造挫折，而是要让孩子看到生活中的困难，支持他把挫折当作成长的跳台，把处理困难视为提升能力的契机。并且，在不同的成长阶段，孩子可以提升不同方面的能力。

当刚学走路的小孩摔跤了，在站起来后他可以通过刚才的失误练习如何控制身体。等到孩子上学了，考试失误后，他可以通过对错误的复盘、总结，在之后的学习中有针对性地进行能力提升。

周五放学后，乔乔很晚才回家。

妈妈就很奇怪："你今天怎么回来这么晚？"

乔乔顺势倒在沙发上，说："我要告诉你一个坏消息。"

妈妈听了很紧张，赶忙问："怎么了？"

"我的公交卡丢了。"乔乔语气低落。

"怎么会丢了？平时不是都放在书包里吗？"

"我早上到学校有点儿晚了，下车时一着急，就随手把卡放在校服口袋里了。"

爸爸拍了拍乔乔的肩膀，安慰道："我儿子看起来有些沮丧啊！"

"我就是有点儿后悔怎么没有放回原位。放学时去书包里拿卡，才想起来没有放回去，一摸，口袋里也没有，都不知道丢哪里了。我真是太粗心了！"乔乔懊恼地说。

"没错，上次我把外套落在公交车上，都走到家里了才想起来，也是觉得自己挺粗心的！"妈妈颇能理解地说。

爸爸爽朗地说："谁还没有马虎的时候，虽然丢了卡，但你并不是故意的，还花了那么长时间去寻找，说明你还是很知道珍惜财物的。"

"可惜还是没有找到，白白损失了几十块钱。我以后不管多着急，都得把卡放回书包里。"乔乔边说边叹了口气，但是已经坐直了身体。

爸爸看在眼里，趁热打铁："这么快就总结出经验了，说明这卡丢得有价值。那周一上学怎么办呢？"

乔乔明显化丧气为力量了："正好明天周六没事，我上次跟妈妈去办过公交卡，那个地方离咱们家就两站多地。你们都不用送我，我跑步过去，就当锻炼了。"

妈妈笑着打趣："吃一堑，长一智，你长了三智。这以后，你找东西、保管东西、办卡都有经验了。"

大家都笑了起来，乔乔晚回家和丢公交卡带来的低气压也随之消散了。

乔乔丢了公交卡，反复寻找也没找到，带着挫败感回家了。父母从儿子的言行当中解读并说出了他的情绪，这让乔乔感受到被父母关注了，顺理成章地把自己受挫的经过和情绪表达了出来。

不仅如此，乔乔的父母没有指责儿子粗心大意，在他懊恼的情绪中再添上一把火，而是为这个情绪赋予了积极的意义，在看起来糟糕的事情当中找到了亮点。父母的这种行为表现出了他们在挫折面前保持乐观的品格，不仅让乔乔得到了安慰，还给他做出了关注事物积极面的示范，并且大大缓解了乔乔因挫败感带来的不良情绪。

当乔乔情绪稳定后，父母并没有急着出手指导他现在应该怎么解决问题，而是关心地询问乔乔自己准备如何解决问题，并且尊重他的决定。

感受并接纳孩子因挫折感带来的情绪

哭泣是情绪的出口。

你可能听到过父母这样说孩子："遇到事情就只知道哭，哭有什么用？能解决问题吗？"其实，哭泣还真的是一个解决情绪问题的好方法。

当一个人难过的时候，哭泣就像打开了阀门，让悲伤的情绪顺着眼泪倾泻而出。相信很多人都有过"哭一哭感觉好多了"的感受。

与成年人不同的是，大多数孩子的哭往往伴随着闹，越小的孩子越是如此。这是因为孩子的语言表达能力和沟通能力还在发展中，他们只能通过最简单的本能来表达。哭闹得越厉害，说明背后的情绪越激烈，想表达的诉求就越多。

世界著名医疗机构、美国克利夫兰医学中心儿童诊所的心理医生凯特·埃什尔曼曾说过：很多时候，孩子们之所以会做出哭闹的举动，是因为他们正在经历一些变化，而不知道该如何恰当地表达自己的感受。

在《爆炸的孩子》一书中，作者罗斯·格林博士解释过一个经典的公式：不合作+不合作=崩溃。在面对挫折时，孩子的情绪通常处于这样的状态。

这里的不合作有两种情况，一是人与人之间的不合作，二是人与事之间相互作用的过程。

你可以通过下面这个例子来理解这两种"不合作"。

天天（4岁，男）在幼儿园拼叠叠乐时，琪琪在一边总是想找天天说话。

好几次都因为琪琪的搭话，天天的叠叠乐倒塌了。

天天很不高兴，双手抱胸坐在原地生闷气，既不和琪琪说话，也不继续拼叠叠乐了。过了一会儿，琪琪觉得没意思，就走到一边和其他小朋友玩了，直到这时，天天才再次开始拼叠叠乐。

没有了琪琪的干扰，天天玩得更专注了，可是即便这样，叠叠乐最多拼到第四层也还是会倒下。天天试了好几次都是同样的结果，急得他在原地大哭了起来。

我们现在套用一下上文的公式。

在天天的眼中，第一重"不合作"是琪琪的不合作，天天会想："她为什么就不能让我安安静静地拼一会儿叠叠乐呢？"在琪琪离开后，天天又遭遇了第二重"不合作"，即叠叠乐的"不合作"。这时天天又会想："为什么积木不能老老实实地按照我的想法待在该在的地方呢？"当然，很少有孩子能如此理性地分析自己这样的认知，他们更可能会说"琪琪和积木都跟我对着干！"

在这种体验中，天天大哭，这背后的情绪就是面对挫折时，他因无能为力而感到崩溃。

攻击性也是情绪的表达

你或者也曾听到过："爸爸妈妈说你都是为了你好，你怎么能跟我们发脾气呢？"这通常是父母在孩子面前"受挫"的抱怨之词。在因为孩子"不懂事"而郁闷之前，父母可以先试着理解一下孩子发脾气背后的不良情绪。

在前文糖糖的例子中，如果糖糖妈妈了解一些"挫折攻击理论"，她可能会先允许糖糖发脾气并安抚他的情绪，等到孩子情绪恢复正常状态，再跟孩子讲道理。

反之，如果糖糖妈妈在孩子哭闹的时候只会大声训斥，并在下一次同样的事情发生时恨铁不成钢地说"上次就告诉过你了，怎么还不长记性！"那么大概率糖糖的攻击性行为会升级，妈妈的教育目标也很难达成。

无论是成年人还是孩子，发生攻击性行为的背后往往隐藏着愤怒的情绪。虽然我们都不喜欢愤怒，但这却是一种非常常见的情绪，尤其对孩子们来说，更是如此。小孩子生活在成年人的世界中，对生活中的事情没有什么控制力，也没有多少机会能够为自己做决定，这都是造成愤怒的原因。

在学校或其他公众场合，我们都能遇到一些具有攻击性的孩子。在幼儿和儿童阶段表现出攻击性行为，通常是因孩子语言沟通的能力较弱。比如，幼儿直接抢小朋友的玩具，抢不过来就踢一脚，在要求不被满足时大哭大闹、拳打脚踢等。儿童表现为不顾场合地大发脾气，稍不如意就动手、破坏物品等行为。随着年龄的增长，在语言表达能力增强后，还会伴随有污辱、辱骂他人或给别人起外号等语言攻击。到了青少年时期，攻击性可能会发展为敌意、恶意甚至暴力行为。因此，父母如果能早早地识别孩子"攻击性"的内核——挫折感带来的坏情绪表达，就可以在没有发展成为暴力之前合理引导、积极建设、轻松化解。

父母可以这样做：先了解孩子受挫后的心理机制，理解孩子的负面情绪及攻击性。理解孩子的负面情绪，这本身就能给孩子的情绪以莫大的安慰。

然后，可以设法帮助孩子理解自己这些攻击性行为背后的情绪是正常的，并向孩子提供一些适当的情绪处理方式。

最后，和孩子一起总结经验，帮助他制定出更积极有效走出负面情绪的"路线图"。

这样的做法不仅能够让孩子感受到被接纳、被理解，还能使他在面对挫折时坦然接受自己的不良情绪，不会产生内疚或者自卑感，从而建设出即使遭遇挫折也依然自信不疑、信任他人、有安全感等积极品格。

帮孩子有机会表达挫折感

当你的孩子因为挫败而发脾气时，你可以试着这么想：他这么做并不是因为不懂事，而是因为这个可怜的小家伙还不会用其他的方式来表达挫折带给他的愤怒和失望。这个时候最重要的是帮助他表达出感受。

要想孩子在遭遇挫折时能积极表达，需要注意以下两点。

一、留意孩子的非语言信息并做出示范

许多孩子在遭遇失败后，很难用准确的语言把自己的情绪完整地表达出来，所以如果想要确认孩子的状态，你需要细心留意他的非语言信息，例如肢体动作、面部表情、语音语调等。

当你听到孩子粗暴无礼的语言，或者当你注意到孩子躲闪的目光时，尽管你可能并不知道这些都是什么原因引起的，但你可以立刻感觉到有不良情绪在困扰你的孩子。

这些都是可以被发现的线索。在抓住线索后，父母先不要急着用逻辑、安慰或教训来改变孩子的想法。而是可以想一想，他到底遇到了什么困难才会这样？是什么负面情绪驱使着孩子做出这样的反应？

然后，把你对他内心的猜测用语言向孩子表达出来。这样做，既是询问，又是示范，可以有效地帮助孩子疏解内心的焦躁和愤怒，并帮助他们梳理自己内心的想法。

比如在一个家庭聚会上，你观察到孩子虽然坐在你旁边，眼睛却看着远处正在嬉闹的孩子们。这个时候你可以试着揣测孩子的心思。

第一步，先确定孩子的想法到底是什么："你是不是想去和他们玩？"

第二步，如果孩子表示肯定，家长可以说："让我猜猜你没有过去的原因。是怕我不同意，还是担心自己不会玩他们的游戏？或者是担心那些孩子不想和你一起玩？你可以告诉妈妈。"

如果孩子表示否定，你可以说："哦，你是不是觉得和大人们在一起的家庭聚会没意思？妈妈理解，你可以走开去做一些自己喜欢的事情，只要保证安全就行！"

这样做可以从替孩子表达变成帮助孩子自己思考和积极表达。

二、学会反思性倾听

不知你有没有这样的经历：你的孩子在遭遇挫折而情绪崩溃时，你在旁边

反复和他讲任何道理都没有用。这一方面是和上文提到的挫折攻击理论有关，另一方面你可以从大脑的角度来进行理解。

当孩子面临巨大的情感阵痛时，他掌控情感的右脑已经全方位接管了他的言行，而父母通常会习惯用左脑负责的逻辑和理性来对失控的孩子进行安抚和回应。其实，大脑的这两个部分在应激状态下通常是不能同时工作的，这也是你讲任何道理对孩子来说都没有效果的原因。

但是，这种困境并不是无解的。通过某种特定的方式，你能够使大脑的"情感"与"理智"这两个部分顺利"握手言和"，这就是反思性倾听。

反思性倾听是一种建设性地承认对方感受的特殊倾听方式。这种方式有助于对方更快地从糟糕的情绪中跳出来，快进到接受并解决问题的阶段。

反思性倾听不仅意味着你需要作为一个同情的耳朵来聆听孩子的感受，还需要花时间和精力去试着理解孩子此刻的感受，然后用你想象的语言来回应他。

以下四个步骤将帮助你掌握反思性倾听的技巧：

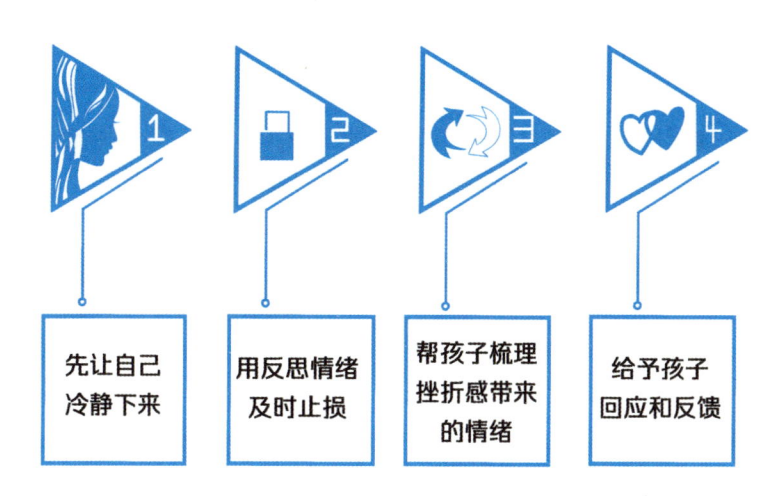

| 1 先让自己冷静下来 | 2 用反思情绪及时止损 | 3 帮孩子梳理挫折感带来的情绪 | 4 给予孩子回应和反馈 |

第一步，先让自己冷静下来。

当你面对一个心烦意乱、暴躁不安的孩子时，你首先需要暂时把自己的情绪和愿望放在一边。因为一个抓狂的家长是无法很好地应对一个同样抓狂的孩子的，强烈的情绪会影响你的思维，导致你在冲动下做出不理智的行为。

但是，成年人的情绪也没有开关，不是说停就能停，我有一个小窍门分享给你：想象一下你自己用双手把愤怒、担忧或失望等情绪都抱起来，打成一个"包袱"，然后把这个"包袱"放在房间的一角。我有时候光靠想象不管用，我甚至会真的做出这样的动作。这样能够帮助我暂时清空那些负面情绪并冷静下来。当然，我并不是让你把情绪包袱随手丢掉了，你可以在完成当下的事情后再回来处理它。

第二步，用反思情绪及时止损。

处理完自己的负面情绪后，你可以反思一下孩子的不良情绪对他行为的影响，以及你的负面情绪是否对孩子也造成了不好的影响。

比如：你很生气地发现孩子一张卷子写了一下午。你问他："你怎么这么拖拉，是不是下午开小差了？"你一番质问过后，却更加气愤地发现，孩子全程都低着头抠手指，对你的话是一副左耳进右耳出的样子。于是你越发认为孩子对学习不上心了。可是，你有没有想过，有可能是这张卷子难度太大，使孩子感受到了挫折感，而你疾言厉色的质问导致了孩子无言以对？

即使你已经脱口而出指责的语言后才想到这一点，也没有关系，你可以在看到孩子不回应时反思自己的情绪，并询问孩子："是不是妈妈刚才情急之下说的并不对？你觉得妈妈不能理解你，所以你不想说话了？"

当孩子遇到挫折时，要充分考虑孩子的情绪，并确保尽可能地减少孩子在表达自己情绪时受到你的干扰。

第三步，帮孩子梳理挫折感带来的情绪。

如果双方都处在平静的状态中，你就可以进行第三步，帮助孩子对他的不良情绪进行梳理。这一点，可以参考前文"留意孩子的非语言信息并做出示范"那部分内容提到的做法，在此不做赘述。

第四步，给予孩子回应和反馈。

最后一步，你需要不断地给孩子回应和反馈。

当孩子对你敞开心扉时，倾听就变得很容易。但你也需要注意，孩子的注意力不可能一直集中，他随时都有可能会分心，因此你需要让他知道你一直在倾听。

你可以使用如"嗯""哦""真的""天哪"这样的字词或者短语，也可以阶段性地对孩子的话进行总结并寻求他的确认，这些反应都能让孩子感受到你在认真地倾听。

利用这些方法，你就可以找到促使孩子表达的金钥匙，让孩子在被挫折阻碍时还能不被情绪淹没，培养出孩子从容镇定、慎思明辨、乐于表达的积极品格。

读了这章的内容后，在以后当孩子再受挫时，你可以先试着接纳孩子的负面情绪，再用反思性倾听帮助他们把挫折感表达出来。最后，把"问题看作成长的契机"，支持孩子自己处理困难，这样才能培养出孩子冷静、积极、有耐心、有毅力、有担当、自信等跨越挫折的优秀品格。

欣大侠的小故事

欣欣从小学一年级到四年级学习都很顺利。主要原因是学校会根据儿童心理发展特点来安排老师：低年级的老师很温柔，说话时和声细语，看到孩子们笨手笨脚会宽容地笑，孩子们感觉很温暖；中年级的老师很年轻，会和孩子们打成一片，像是他们的大姐姐一样。

高年级时，他们又换了老师，尤其是语文老师，刷新了欣欣以前和老师相处的模式。

刚开始的几天，欣欣回到家有点儿闷闷不乐："我们老师这几天总是说我，好像就跟我过不去似的。"

"哦？是只说你，还是也说别的同学？"欣欣一直是老师的"小帮手"，深受老师们器重。这次让我也有点儿意外。

欣欣想了想："不只说我，也说其他几个同学。但是对有些同学又特别好，还给他们发棒棒糖。"

我听了最后一句话感觉有些好笑，但还是忍住了没打趣她："那这些被说的同学和老师发糖的同学有什么区别呢？"

"还真是有区别，得到糖的那几个同学以前学习成绩不太好。我们这些被说的反而是成绩还不错的，所以我们几个都有些不适应。"

"这是因材施教啊！恭喜你，你遇到了一位在教育方面有思想又有方法的老师。你明天去学校可以做两件事，一是了解一下这位老师的经历，二是观察一下她的教学方法。"我心中已经有了猜测。

"真的吗？"欣欣将信将疑。

欣欣这一打听，果然了解了很多"内幕"。这位老师是一位有着几十年教龄的资深优秀教师，带出过很多优秀的班集体。本来马上都要退休了，校长特意邀请她来再带一届毕业班。

"我发现老师的'说'其实是让我们的学习习惯更好。那几个学习成绩不太好的同学被鼓励后学习态度积极了，成绩也提升了。我们语文老师还真是有办法！"

"语文老师让我们每个人都讲一节课，说选题、选材、备课做PPT都由自己定，做完给她看看就可以了。我今天讲课，给老师看了后，她竟然一个字没改就直接让我上台讲课了。"

"这次班会，语文老师让我全权负责，她非但没有删改我定的环节，还帮我们一个'三句半'借了服装道具，有了这些，节目更加精彩了！我太爱我们语文老师了！"

"语文老师今天去医院看病开了一大包药，回来后仍接着给我们上课，真让我感动！"

……

从那天起，欣欣的发现越来越多，也经常回来跟我分享。

后来，她跟语文老师也成了忘年交，无话不谈。

我想与您分享

身：欣欣在升小学高年级前，相对平顺的学校生活是一种她习惯的状态；来到高年级后，在毫无准备的情况下突然遇到一种对她来说新的教育方式。就像在上学这条路上，她按照熟悉的节奏在预期的道路上往前走时遇到了障碍，这就是挫折。

心：欣欣对于这种新的教育方式感到陌生、感到不适，还在"有些人不仅不被说，还能得到棒棒糖"的比较中产生了不满，甚至对老师隐隐有了一些敌意。这些都是可以理解的挫折体验。

育：没有人能一辈子都顺顺利利的，对于成长中的孩子来说，挫折来得早比来得晚会更好。这就好比在一条路上走得越久、惯性越大，遇到阻碍被迫停顿时受到的冲击也就越大。这种想法使我在得知欣欣的处境时非但没有焦虑，反而有些庆幸她在刚上小学高年级时就遇到，并有两年的时间来理解变化，跨越挫折。我的接纳也让欣欣能够表达出她的挫折感。

根据欣欣的年龄和思维特点，我适当地引导，帮助她从理解老师的出发点入手，重新解读那些令她受挫的行为。最后，欣欣自己通过思考、了解也有了新的答案。这种新的认知不仅改变了她的情绪，也改变了她对老师的"敌意"。

我相信经过这件事情，在未来的人生中，欣欣再遇到挫折时，会找信任的人主动表达，获得新的视角；会积极面对并处理自己的情绪；会努力看到挫折事件的积极面；会让自己更细致地观察、思考；最后自我调整，继续前行。这，就是我希望她未来面对横亘在人生道路上的困难时所具备的品格。

伏尔泰说过一句话：人生布满了荆棘，我们想的唯一办法就是从那些荆棘上迅速跨过。

我想，这就是能够让我们勇敢地迎接世间风雨的秘诀吧！

第八章

迎接挑战——应战是经验积累的条件

曼云会客厅

我和我先生都属于从小就很优秀的学生，我从清华大学毕业，他是剑桥大学的博士。我之前一直觉得，我们的孩子至少应该会和父母一样优秀才对，可是我儿子的种种表现让我很失望。

他从小学开始就性格内向，不擅交际；平时最多完成学校的作业，我给他多布置一点儿或者稍微难一点儿就直接放弃。我和他爸爸由于工作特别忙，没工夫管他，也想着小学的学习内容难度低，就随他去了。

现在到了初中更是成绩平平，理科不好，文科也不突出。我们辅导，他也不接受。其他方面也很不行，每次班里有竞选活动他都不参加，说站在讲台上说不出话来。

我在跨国公司管理着上千人，在几千人面前做演讲、报告都游刃有余，可我儿子做个小组作业都没办法和组员沟通。我先生在国家科研机构管理着几个课题组，可我儿子上周物理考试才刚及格。我时常在想，儿子真的是我亲生的吗？他真的是和我们太不像了，我和他爸的优良基因一点儿都没遗传到！

下学期就升初三了，前几天他们学校通知科技创新大赛可以开始报名了，我和我先生强烈建议儿子参加。结果您猜怎么着，那孩子死活都不肯，说自己不懂科技，更不会搞创新发明。参赛了也比不过别人。

其实，初中生的比赛水平能有多高？我们也没指望他能做出什么尖端的科研成果，参赛主要就是想锻炼一下孩子的创新思维。这有什么可怕的？另外，我和他爸爸都能帮助他。这么个小比赛，哪有他说的那么难？

我看他就是不求上进，遇事就只知道退缩！也不知道有没有什么好办法能帮助我板一板他。

——来自木木妈妈的分享

💡 点对点，真知道

◎ **身**：木木是一个性格内向的孩子，不擅长言谈和社交。学习方面，他从小学开始就形成了自己的习惯和节奏，基本没有尝试过扩展自己能力以外的内容。到了初中后，随着课业难度增大、同伴之间的交往更深入，木木的学习成绩不理想、参加集体活动不积极的特点就凸显了出来。

◎ **心**：木木的父母都是社会精英，各有所长，理所当然地认为儿子应该是强强联合出来的"绩优股"。当现实和想象不一样时，他们难免会因落差产生失望情绪。在妈妈助推无效后，木木的行为更是引起了妈妈强烈的不满。

◎ **育**：演讲、竞赛这些需要当众表达的事情，对于内向的孩子来说是一种挑战。对于父母来说，要接受一个相对他们来讲更普通的孩子也是一个巨大的挑战。父母要学会接纳孩子有别于自己的平庸，让心境不再戴着"失望眼镜"，这样也能更客观地看待孩子。这时，再帮木木找到他自己真正擅长和感兴趣的方向去发展，也许，木木可以在另外的舞台上大放异彩。

是什么

在冷兵器时代，当两军对垒时，一方会到另一方阵前去叫阵，以使对方出战，这个行为就是挑战。汉语中对"挑战"一词最初的释义非常直接、生动，就是挑起战斗的意思。

现在，人们对"挑战"一词又增加了新的理解。

比如，《剑桥词典》对"挑战"（Challenge）的解释是：个体遇到一件事情或者面临一种情况时，需要他付出巨大的精神或体力劳动才能完成，非常考验一个人的能力。

随着社会的发展，人们直接去挑战别人的行为渐渐减少了。现在的挑战经常以这样的方式呈现：自己关注到且内心感受到的、以当前的能力难以做到，需要付出努力才能达成的结果。

"三分"视角理解挑战的来源

对于个体而言，你可以通过"三分"的视角来理解挑战的来源。

客观事情本身是挑战　　人际交往是挑战　　社会压力是挑战

一、身，客观事情本身是挑战

- 人们在面对超出自己能力范围的事情时，会把这个事情视为挑战。

比如：老师请一个一年级的小朋友去做二年级的数学题，这个小朋友会觉得完成这道数学题是一种挑战。

- 当人们准备尝试做一件没有任何经验的事情时，也是挑战。比如：第一次滑雪、第一次骑车、第一次游泳等。

- 当人们在完成一项任务时，在执行的过程中出现了超越自身熟悉的领域的工作内容，这些陌生的任务也是一种挑战。

比如：一个一直待在实验室搞科研的纯科研人员，忽然有一天参与了一个新项目。在这个项目中，他需要领导其他几位不同领域的专业人士一同合作。如果这个人平时不擅长统筹管理，那么这个新项目对于他来说就是个挑战。

二、心，人际交往是挑战

人们在人际交往中受到的挑战大致有以下四种：

·被人轻视。

比如：当团队推选领导者时，孩子主动请缨，却被人轻蔑地看了一眼，说："就你那点儿水平，还是算了吧！"

·被人误解、曲解。

比如：小王每天来到办公室，都会提前把办公室的卫生搞好，没想到却有同事对他的行为表示不屑："哼，净搞那些表面功夫。你就是装好人，故意做给大家看的！"

·被人指责批评。

比如：你今天炒菜的时候不小心盐放多了，你的伴侣和孩子刚吃了一口就摔了筷子，还对你说："这饭太难吃了，你到底会不会做饭啊！"

·被人拒绝。

比如：英国物理学家迈克尔·法拉第奠定了电磁学的基础。他早年在书店打工时，曾写信给当时的英国皇家学会会长班克斯爵士，希望能在皇家学院找个工作，哪怕在实验室里洗瓶子也行。

他心神不宁地等了整整一个星期，结果音信全无。他忍不住跑到皇家学院去打听，得到的回复只是冷冰冰的一句话："班克斯爵士说，你的信不必回复！"

三、育，社会压力是挑战

社会压力大致可以分为三类。

·来自社会道德的压力。

有一些事情你自己特别想做，虽然不触犯法律，但是在当前的社会公德中是不被认同的。

比如：一位家长在公共场合大声斥责自己的孩子，有人忍不住出声制止，这位家长随即反唇相讥："我教训自己家孩子，关你什么事！"但如果围观的人越来越多，大家或劝告或善意地指出这位家长错误的教育方式，这时他就会感到来自社会道德的压力。如果这位家长在这种道德压力中还想继续训斥孩子，那对于他来说就是挑战。

・来自舆论的压力。

比如：人们比较关注一些演艺明星等公众人物，有一位明星在粉丝心目中是才华横溢的绝世美男，但粉丝们却嫌他的妻子相貌平平，也没有什么出众的才华。当这种"这对夫妻不相配"的声音变大且形成了舆论，就会给夫妻两人带来压力，他们的关系就可能会受到挑战。

・来自从众心理的压力。

比如：有一个妈妈，以前没有上班，面对孩子的教育问题时就比较"佛系"。后来她上班了，发现办公室里其他妈妈每天都在研究各种兴趣班。于是没过多久，她也投入兴趣班的洪流当中一去不回头了。

人们的生活丰富多彩，每个人都会遇到各种挑战。人在面对挑战时所表现出来的一贯的应对模式就是品格。

通过"三分"的视角，你可以快速理解孩子面对的挑战，并帮助他们建设出有利于迎接挑战的品格。

为什么

挑战无处不在，面对挑战的品格各有不同

为什么要培养孩子面对挑战时的品格呢？

在生活中挑战无处不在，因为人不可能一成不变地生活，一个陌生的环境、一个新的任务都会带来一些挑战。但面对挑战时的品格却各有不同。比如，有些人会选择直接放弃，就像本章"曼云会客厅"中的木木；也有人会直面挑战，就像那些专业运动员。

第八章　迎接挑战——应战是经验积累的条件

不管我们是否刻意培养，孩子都会在成长过程中形成面对挑战时的品格。这些品格则决定了一个人是否能够调动自己的潜能、增强自己的能力去迎接挑战，让自己更顺利地完成任务或者过渡到新阶段。

每一次接受挑战都是学习成长的机会

我把人生的道路当成多条平行线，虽然每个阶段目标一致，但高度不同。能直面挑战的人就意味着他能够抓住机会，在挑战成功后上升一个台阶，从当前路线跃到一条更高阶的路线。

即使失败，也能在挑战失败后总结经验，准备迎接下一个挑战。无论成功还是失败，都是一种学习的过程。美国心理学家阿尔伯特·班杜拉在他的社会学习理论中曾提出：行为习得有两种不同的过程，一种是"通过反应的结果所进行的学习"，也就是通过直接经验学习；另一种是"通过示范所进行的学习"，即通过间接经验学习。接受挑战意味着让自己开始新的行为体验，这个过程就是学习的过程。

当然，不想接受挑战、不想承担挑战所带来的压力是人之常情。如果任其发展，形成面对挑战就放弃的品格，那也将会失去很多通过直接经验学习的机会，错失接受挑战过后可能收获的新经验。

迈克尔·法拉第是英国物理学家、化学家，是发电机和电动机的发明者。这个被誉为"电学之父"和"交流电之父"的科学家并没有显赫的家世和优越的学习条件，而是出生在一个贫苦的铁匠家庭。由于贫困，法拉第幼年时只上了两年小学，但是他并没有放弃对知识的渴望和对科学的热爱。

终于，机会来了，他得到了一个在订书店里当学徒的机会。以他过去的识字量，阅读大部头的书对他来说是非常具有挑战性的。但他克服了重重困难，抓住一切机会阅读各类书籍。当法拉第的知识量积累到一定程度后，他又给自己的学习增加了难度，不再只局限于阅读。他尝试通过组建学习小组讨论、按

153

照书中的内容开展实验等方法慢慢地打开科学的大门。

在一系列不可思议的挑战成功后，法拉第又迎来了更大的挑战。他热爱学习的精神打动了一位书店的老主顾，这位老主顾帮助他得到了现场聆听著名化学家汉弗莱·戴维演讲的机会。

这次现场聆听科学家的演讲让他萌生了新的渴求——献身科学。可想而知，这个愿望对于一个订书店的小学徒来说是多么大的挑战。但他没有犹豫，马上就行动起来。他先是把演讲内容全部记录下来，再写上自己的心得体会，认认真真一起整理、装订后送给了戴维，并且他还写了一封信，勇敢又直接地表达了自己愿意献身科学的意愿。

终于，这位小学徒打动了大科学家。在法拉第20岁的时候，他如愿以偿地成了戴维的实验助手。从此，法拉第开始了他一生的科学研究生涯，成为发明、贡献无数的物理学家、化学家。

如果法拉第安于现状，不去接受任何能力之外的挑战，那他就不会如饥似渴地从书中汲取知识；也不会去听学术讲座，并用整齐的笔记打动戴维，成为他的实验助手；更不会有后来无数的发明和与科学结缘的一生。

你可以试想一下，法拉第从只读了两年小学到阅读科学书籍，从阅读科学书籍到动手实验，从实验到组建学习小组，再到向大科学家表明为科研献身的意愿，每一步都是不小的挑战。他正是因为拥有勤奋、坚定的品格，才能坦然面对困难，勇敢行动起来，在刻苦学习中提升能力、积累经验。这些经验又帮助他走过每一步挑战，登上新的台阶，最终成为科学史上举足轻重的科学家。

所谓机会总是留给有准备的人，有准备的人指的正是那些敢于直面挑战、不断成长的人。

如果蝴蝶在茧房内不拼尽全力挣扎、羽化自己，那么它也没有足够强壮的翅膀支撑自己蝶舞翩翩。

第八章 迎接挑战——应战是经验积累的条件

怎么办

挑战跟每一个人的能力息息相关。塑造敢于面对挑战的品格，可以从培养能力入手。父母可以通过提升孩子的能力，让他当前的能力和新的需要接轨，以拥有敢于接受挑战的底气，最后养成面临挑战时无畏的品格。

父母的示范是最好的榜样

在班杜拉的社会学习理论中，除了"通过反应的结果获得经验的直接学习"，还有一种"通过示范所进行的间接经验的学习"。

未成年人的间接学习对象通常来自身边亲近的人。尤其是对于12岁以下的儿童来说，父母、老师或者其他可信任的成年人都是他们间接学习的对象。

因此，孩子对待挑战时的品格，在一定程度上会受到身边成年人的影响。

学习成年人对待挑战的态度

如果父母面对挑战时选择不畏惧，孩子也会迎难而上；反之，父母如果遇事就逃避，孩子也会守着自己的舒适圈得过且过，不愿踏出一步。

有一年，我带孩子们去一个营地做夏令营活动。其中有一个活动项目是"高空滑索"，这是孩子们又爱又怕的活动之一。这项活动的起点在山顶，终点在山脚，落差很大。参与者需要站在平台上，穿上看起来十分简陋的安全背带，由工作人员将一根从滑索上吊下来的绳子连接在安全背带的腰带上。离开平台时，人的身体坐在安全带上，仅仅依靠重力从高空滑下去，看起来就比较危险。滑到终点时，人还可能会因为惯性过大撞击到保护墙上，再反弹回来。

站在高台前，我和孩子们都有点儿犹豫。站在山顶往下看，我也心慌眼晕。但是想到孩子们正站在我身后，我便让自己冷静下来，第一个穿上装备滑了下去。孩子们一看，也开始排队参与，结果真玩了一次才发现，其实安全带很标准，也很牢固。刚开始时会有点儿害怕，但到了后面，大家就都享受起这种高空飞翔的难得体验了。

这种学习的方式就是我在本书第六章提到过的"榜样力量"。如果大人在面对挑战时总是找借口推托，那就很难培养出孩子勇于接受挑战的品格。

大人的态度影响孩子对挑战的接受度

大人的态度体现在对孩子挑战结果的宽容度上。

有些父母太过于看重结果，他们只允许成功，不接受失败。这种唯结果论的态度会使孩子在面对挑战的时候更谨慎，也更不愿意去尝试，因为他们不愿意面对挑战失败后父母失望、愤怒的目光。

"间接学习"可以为父母理解孩子面对挑战时退避提供一些思路。培养孩子面对挑战时的品格，父母可以从自己的行为和态度两方面入手，率先表现出希望孩子具备的品格，更客观、系统地看待挑战的全过程，减少情绪化的表达。

提升自我效能感，更容易接受挑战

班杜拉还提出过自我效能感的概念，它指个体对自身能否利用所拥有的技能去完成某项工作行为的自信程度，包括对自己能否在一定水平上完成某一项活动所具有的能力判断、信念、自我把握与感受，即个体在面临某一任务活动时的胜任感及自信、信心、自尊等方面的感受。自我效能感低的孩子比自我效能感高的孩子更容易回避挑战。也就是说，孩子自身的自我效能感是影响其接受挑战意愿的重要因素。

言之有物的表扬也可以提升孩子的自我效能感，比如，先指出他在一项工作中具体的行为，再鼓励，而不是空泛地赞美。你可以帮孩子在生活中多获得成功的体验，哪怕只是一次小小的家务，也可以通过鼓励让孩子获得成就感。成功的体验可以提高自我效能感，使他对自己的能力充满信心。

另外，观察他人的替代经验或者榜样的力量等方式，也对孩子提升自我效能感有一定的帮助。

总之，提升孩子的自我效能感，可以培养出他们乐于迎接挑战、遇到困难时勇于坚持、自控能力强、更加理智等品格。

制定小目标，减轻压力

通常来讲，接受挑战就意味着要完成一项任务或者达到一个目标。这个目标应该是有一些难度的，不然就称不上挑战了。让孩子在面对挑战时迎难而上是理想状态，大多数都是知难而退。这不难理解，比如，突然要求当一个习惯性赖床的孩子迎着清晨的第一缕阳光起床，让一个成绩平平的孩子名列前茅，让一个不善言辞的孩子在比较重要的场合公开演讲等，这些对于他们来说挑战实在是太大了。

所以，在接受挑战时，不要总想着能一鼓作气完成任务。那就好比把实现目

标的过程想象成一条向上攀登的上坡路，人会因为一直处在爬坡状态而疲惫，也会因为遥遥无期而放弃挑战。父母可以引导孩子把这个过程想象成一段阶梯，把大目标分解成一个个阶梯式的小目标，从而减轻挑战带来的压力。

每个小目标就是一个难度适宜的挑战，如果孩子当前的能力和这个挑战差距较小，那他完成起来就不吃力。在这个历程中，孩子还能总结出经验，提高达成下一个小目标的能力。同时，小挑战的成功可以带来自信，这更加有助于孩子取得整体挑战的最后胜利。

同理，培养孩子在面对挑战时具备化大为小、化繁为简、化难为易等举重若轻的品格，可以大大地减轻他们的压力。父母只需在孩子每完成一个小目标时分享阶段性胜利的喜悦，及时给予孩子鼓励就够了。

接受挑战的同时，准备好接受失败

不是接受了挑战就一定能成功。

第八章 迎接挑战——应战是经验积累的条件

有智慧的父母会让孩子明白，不管做什么事情，结果都是由很多因素共同作用的，因此即使自己做好了万全的准备，也会存在失败的可能性。失败只是一个结果，在从开始到结果的过程中我们依然能总结出很多经验，这也算是一种成功。如果你能让孩子感受到这种态度，那么他就不会因为害怕失败而放弃接受挑战。

父母切记不要因为失败而指责孩子，因为指责会让孩子因畏惧失败而回避挑战。更不要对失败的结果做单一归因。比如，就因为你太马虎了，所以成绩才不理想；就因为你态度不认真，所以才没有竞选上班长等。这样的话语不仅可能会引起你和孩子之间的误会，还有可能使孩子产生强烈的自责感，这种不良情绪都是孩子未来接受挑战的拦路虎。

你可以通过下面这两个例子，看看面对挑战时两位妈妈不同的态度对孩子的影响。

乔乔上周参加了一个小提琴比赛。预赛的时候，乔乔的表现一直很不错，乔乔和妈妈都觉得这次比赛的冠军非乔乔莫属。

没想到，在这次比赛中杀出了一匹"黑马"。这匹"黑马"还是一个比乔乔小好几岁的小妹妹。

小妹妹的实力极为强劲，是乔乔在比赛中的最强对手。

到了决赛环节，小妹妹排在乔乔前面演出，她近乎完美的演奏得到了评委席接近满分的热烈回应。

乔乔在后台时压力很大，等轮到他演奏的时候，由于紧张，他不慎拉错了音。这是一个平常练习时他根本不会犯的低级错误。

从那一刻起，乔乔就知道自己与冠军无缘了。

最后，他只得了第二名。

妈妈的失望之情溢于言表。她忍不住当着儿子的面说："那个小妹妹比你小好几岁都表现得这么出色，你在关键时刻还能拉错音，只能说明你平时练习得还不够！"

家庭教养决定成长力

乔乔那天晚上郁闷得很晚都没有睡着觉。

妈妈后来再想给他报什么比赛，他也总是打退堂鼓，能推就推。

★★★

学校举办秋季运动会，咚咚报名参加了800米跑步比赛。

这个项目对于身材日渐圆润的咚咚来说，着实是个不小的挑战。

咚咚很看重这次比赛，他提前一个月每天晚上都要跑上半个小时。

到了运动会当天，虽然经过之前一个月的锻炼，咚咚的体力的确有了增长，但在这个项目上他还是比不过隔壁班的体育特长生，惜败于第二位。

回家后，咚咚拿着第三名的奖状很是郁闷。

妈妈看了后很奇怪，就问儿子："你都得了奖状，怎么还不高兴啊？"

"又不是第一名，有什么好高兴的！"咚咚愤愤地把奖状扔到了沙发上。

妈妈捡起儿子的奖状，举起来反复地端详，还放在墙上比来比去，说稍后要买个相框把奖状挂起来。

妈妈欣赏的目光让咚咚既有些害羞又有些窃喜，他嘟哝道："这就是个安慰奖，至于吗？"

"安慰奖就不是奖啦？第四名的小朋友想要还没有呢！再说了，我看中的又不是名次，你这一个月每天晚上都坚持跑步，没有一天缺过席，就算为了你减掉的那五斤小肉肉，我也要把这张奖状裱起来！"

听了妈妈的话，咚咚自信起来："我从明天起加大运动量，每天跑40分钟。等下学期春季运动会时，我还报800米，再跟他们比比看！"

在这两个例子中，同样是面对儿子在比赛上的失利，乔乔妈妈的态度让儿子对这次失败耿耿于怀，也影响了他之后再次面对挑战时的态度。而咚咚妈妈在面对儿子的第三名时，用真诚和积极的赋意让咚咚成功释然，不再介意第三名的"安慰奖"，还主动准备迎接下一次挑战。

看了两位妈妈的表现，你也可以思考一下：当你认为孩子没有勇气接受挑战的时候，想想他是否在曾经的挑战失败后备受打击？你让孩子理解"是挑战就有可能会失败"时，是否也已经做好了接受失败的心理准备？

其实，接受挑战本身就需要勇气，失败并不意味着一无是处。当孩子在挑战中不可避免地失败时，他就会产生无能感。而你不接纳失败的自然反应可能会给他们带来二次伤害。以后，他会本能地回避这些给自己带来负面体验的挑战。久而久之，他会形成面对挑战时畏缩、躲避甚至厌恶的品格。

接受了挑战，就全力以赴

一件事情或者一项任务之所以能称为挑战，说明以挑战者当前的能力来说是有难度的。因此，不要因为自己评估了，觉得挑战难度不太大，就等闲视之。

狮子搏兔，亦用全力。

培养孩子面对挑战时全力以赴的品格，不仅能增大成功的可能性，还能使孩子即便失败了，也不会懊悔自己当时没有更努力一点儿，而是可以对自己说：我已经尽自己所能，问心无愧了。

猎人带着猎狗去打猎，一枪打中了一只兔子，猎人随后就命令猎狗去追赶受伤的兔子，结果追着追着，兔子却不见了。

猎人于是对猎狗大发脾气："你这个没用的东西，打中的兔子都能被你跟丢了！"

兔子逃回到森林深处的家中，成了远近闻名的英雄。因为从来没有一只兔子能够在受了伤又被猎狗追赶的情况下逃脱活命的。

其他兔子好奇极了："猎狗这么凶残，你到底是怎么逃脱的？"

兔子惊魂未定地说："猎狗追不上我，回去最多挨几句骂。可我要是被追上了，那小命就没有了。所以我拼尽全力跑了回来。我全力以赴了。"

这个故事说明，当一个人全力以赴的时候，也许就能出现奇迹。从兔子的描述中可以看出：一个人完成任务的态度侧面显示出了他对这个挑战的重视程度。

在现实生活中，很多时候，我们都不是独立去完成任务的。全力以赴，不仅仅是指用尽自己所有的力气，还要学会利用资源。

一个夏令营小队在郊外徒步时遇到一块大石头。

老师指着石头对小队长说："如果你全力以赴，你可以把这块石头抱起来，你可以试试看！"

小队长信心满满地接受了这个挑战，摩拳擦掌地走上前。可是不管他怎么抱啊推呀，最终也没能抱起来。他沮丧地对老师说："我已经拼尽全力了！"

而老师却摇摇头，说："孩子，你并没有拼尽全力，你的队友和我就在你的旁边，可是你却没有向我们求助啊！"

是的，请告诉孩子，在面对挑战时，除了依靠自己的力量做好充分的准备，还要学会善用资源，这才叫全力以赴。

刻意挑战，主动出击

我发现事物发展的规律是发生—发展—平衡—打破平衡。

人在平衡期的时候最舒适。这就是我们常说的舒适区。

人在舒适区待得越久，对平衡的惯性就越大，当平衡突然被打破时，他受到的冲击性压力也就越大。

你可能听说过在一个家庭中，一方对另一方照顾得无微不至，照顾人的一方如果突然因为各种原因离开家后，那么被照顾的一方就很难适应。这是因为被照顾的那一方多年来一直被保护得太好了，一时没有能力应对舒适圈外面的风风雨雨。

如果你不想把孩子养成无法承受风雨的温室花朵，想使孩子在面对挑战时能做到不畏惧、全力以赴，你就得提前和孩子一起准备，在家庭教育中训练孩子应对挑战的能力。这样，当真正重大的挑战来临时，他才能勇敢接受、智慧应对。

你可以做好安全防护，给孩子有意识地设置一些生活中的小挑战。比如，让从来没有独自下楼的孩子单独乘坐一次电梯；让从来没有单独购物过的孩子去买一样东西；让他去体验以前从不敢坐的过山车；让他到了新学校主动交两个好朋友；等等。

在真正执行之前，父母可以和孩子一起来一次头脑风暴，把行动先预演一遍，对于可能会遇到的问题提前想好应对措施。比如，电梯坏了怎么办？去超市有陌生人搭讪怎么办？新学校的同学们都不爱理我怎么办？等等。这些可以帮助孩子增加接受挑战的信心。

这种刻意练习就好像打疫苗，先给免疫系统来一次"演练"，等到了真正实战的时候，免疫细胞再次面对病毒就不会束手无策了。

如果你能从早期阶段开始就给孩子提供一些符合他身心发展规律的挑战，孩子就能在每一次挑战中总结经验、越战越勇，最终培养出勇于接受挑战、自信、从容的品格。

完成挑战，总结复盘

作为围棋术语，复盘指每次博弈以后，把对弈的过程再复演一遍。围棋高手都有复盘的习惯，这样可以在宽松的状态中针对每一步棋分析、研究双方的战略战术。复盘是提高水平的好方法。

孩子考试过后，对错题的修改和总结、有针对性地训练是复盘。

你对完成的工作进行总结、和同事分享项目经验，这也是复盘。

在培养孩子接受挑战的品格时，同样可以运用这种技巧。

比如，当一次竞选班干部活动结束后，父母可以和孩子一起针对演讲的语气语调是否合适、哪些内容吸引人、时间把控如何等方面进行复盘。实战中的经验最有价值，复盘可以使孩子对实战过程中有价值的环节加深印象，针对失误之处重新激发出新的思路和方案。同时，复盘是把目光从关注结果得失转向过程收获的最佳工具。

欣大侠的小故事

欣欣在10岁那年的冬天和仔仔、小舜两个小伙伴一起去滑雪。三个小家伙中只有欣欣是跟着教练学过两年滑雪的，但是因为一年只滑几天，欣欣刚上中级道时还有些磕磕绊绊；另外两个孩子身体灵活，虽然没有跟过教练学，但她们俩很快能在中级道滑得有模有样了。

掌握了中级道技巧之后，三个孩子看着不远处的高级道有些蠢蠢欲动。

"要不，我们去高级道试试？"小舜提议道。

欣欣有些心动，转头问另一个伙伴仔仔："一直滑中级道是有点儿无趣，不然就听小舜的，我们去高级道逛逛？"

仔仔想了想，立马点了点头。

就这样，三个小家伙立刻噔噔噔地冲向了前往高级道的缆车。

随着缆车缓缓上行，三个小家伙从一开始的有说有笑，渐渐变得沉默。望着脚下逐渐缩小的地面标志物，初生牛犊们发热的小脑袋瓜这会儿终于开始冷却下来了。

"比我想象的要高啊！"欣欣敬畏地看着脚下的皑皑白雪。

"嗯，是有点儿高……"仔仔神色深沉地点了点头。

"也、也就是看着高，没准儿我们到上面看习惯了就好了！真正的勇者才不会怕这么点儿高度，到时候你们就等着看我征服高级赛道的英

第八章 迎接挑战——应战是经验积累的条件

姿吧！"小舜咽了下口水，但马上又像是想要说服谁一样，提高了嗓门说道。

接下来，谁都没有说话。

就这样，缆车终于到达了山顶。

三个孩子站在高级道入口处，然而谁都没有前进。

沉默开始蔓延。

终于，欣欣忍不住开口了："高级道实在是太高太陡了，我不滑了！"

仔仔心里也早就在打退堂鼓，欣欣这么一开口，他马上跟着点头。

"我也放弃，看着是挺危险的！"

这下就只有小舜还没表态。

小舜脸涨得通红。本来就是三个人一起壮了胆子上来的，要是让他一个人滑下去，其实他心中也没底。可是真要下山的话，他又觉得没面子，毕竟早先他的"狂言"已经放出去了。

几番纠结之下，小舜忽然对欣欣发起了火："你这个胆小鬼，之前我们在山脚下不是都说好了要一起滑高级道吗，怎么到了跟前你先临阵退缩了呢？！"

"我才不是胆小鬼！"

"你就是！"

"我不是！"

"那你说你为什么不敢滑了？"

欣欣被问得说不出话来。

见状，小舜更得意了，"说不出话来了吧？还说你不是胆小鬼？你就是个懦夫！"

欣欣咬唇低着头沉默了许久，就在仔仔以为欣欣被气哭时，欣欣忽然抬起头对小舜说："我是害怕了，可是那又怎样？在山脚下时，我之所以

165

同意上来，是因为我不知道高级雪道这么陡。等到了这里，我发现自己对风险的评估不太准确，所以就改变了想法。这有什么不对吗？你可以说我是胆小鬼，可是跟我们的生命安全相比，我还不如胆小一点儿呢！因为我坚信我的判断是对的！"

小舜当然没有马上被说服，但也无言以对。

最后，三个小家伙虽然谁都没有成功挑战高级雪道，但都平安地回到了山脚下。

☆ 我想与您分享 ☆

身：滑雪对于三个小家伙来说，都不是特别擅长的运动，上高级道更是没有任何经验。

心：孩子们对新鲜事物充满好奇，在好奇心的驱使下做出了一个冒险的决定。三个小伙伴中，欣欣在经过安全评估后，虽然有些纠结，但因害怕危险最终还是退缩了；仔仔一看经过专业教练教过的欣欣都退出了，他也因为没把握跟着放弃了；小舜因为是最初提议者，说明他的意愿最大，但他的信心不足以支撑他独自滑下去，最后被迫心不甘情不愿地从众了。

育：你可能要说，这回欣大侠不是挑战失败了吗？这正是我想拿这个故事与你分享的原因之一。

从难易程度上来说，本章开头讲过，超出能力范围的任务本身就是挑战。对于同为滑雪新手的三个小家伙来说，在没有教练的情况下滑高级道确实属于巨大的挑战，就像本章"曼云会客厅"提到的让内向的木木参加竞选的挑战一样巨大。

从安全角度来看，这个决定不仅是挑战，简直称得上是"冒险"了。

但这并不是全部,在这个过程中,欣欣还在接受着除滑雪之外的挑战。

出尔反尔、临阵脱逃并不是欣欣喜欢的品质,对于她来讲,在安全和"讲义气"之间做出选择是挑战。

对于仔仔来说,要在两个意见相左的小伙伴之间做出选择是挑战。

对于小舜来说,想要说服小伙伴和自己一起去尝试,以及面对独自滑高级道的胆怯都是挑战。

那天回来之后,我带着三个小家伙一起聊了很久,让他们三个人充分地表达了自己当时的想法、情绪及收获。

最后大家得出结论:

1. 不确定能不能做的事情不要轻易承诺。
2. 在没有安全保护的情况下,尽量不要冒险。
3. 尊重他人的选择,不道德绑架。

你看,在一次小事件中孩子们就体验到了来自事件、情绪和关系的多重挑战。当我们对此复盘,并把重点放在过程中时,他们就有了新的体会,并总结出有助于下次接受挑战的谨慎、自我保护、尊重同伴等优秀的品格。

第九章

抵制诱惑是避免危机发生的利剑

曼云会客厅

我女儿妍妍从小就是个乖巧听话的孩子，无论是学习还是交朋友，从来都没让我和她爸爸操过心。但是自上六年级以来，她遇到了难事，看她闷闷不乐的样子，我问她怎么了，可她怎么都不说。直到我说要去学校问老师时，她才支支吾吾地说了。

原来五年级的时候，老师让学习好的同学带动一下学习成绩不太好的同学，给她调了一个叫大鹏的男生做同桌。大鹏虽然成绩不太好，但是人很热心，有一次妍妍忘记带水杯，大鹏慷慨地把自己带的瓶装水分给了妍妍。大鹏的书包就像一个百宝箱，装着很多课外书、各种文具，甚至还有吃的。"近水楼台先得月"，第一受益人就是妍妍了。其实刚开始时妍妍还比较矜持，但当她拒绝时，大鹏表示有点儿受伤，这让妍妍觉得好像自己做错了似的。并且，看到很多同学一到下课时间就围过来找大鹏要东西，妍妍心想，又不是只有她一个人"占便宜"，而且这些小物品也不贵重，拿了也没什么。过了一阵子，妍妍发现大鹏仍跟以前一样，还会因为自己能接受他的小礼物而高兴。渐渐地，妍妍心想，反正自己总是教大鹏做数学题，也不算白拿，便心安理得地接受了。

没想到，刚上六年级就发生了一件让妍妍陷入两难境地的事情。开学第一次考试时，大鹏很多题都不会，等到快交卷时急得抓耳挠腮，一个劲儿地拿胳膊肘捅妍妍，想抄她的答案。妍妍不同意，便快速交卷了。从那天开始，大鹏就开始说风凉话："我有好东西都跟你分享，轮到让你给我看看答案你就不干了，真是个白眼狼！"妍妍觉得自己做得没错，想解释，又不知该从何说起。她想着大鹏说一说也就过去了，可是没想到大鹏余怒难消，不仅对她说，还对其他同学说。妍妍觉得同学们好像都在替大鹏打抱不平,看她的眼神也不友好了。

我和妍妍爸爸以前也看到过她拿回来一些小文具,当时只随口问了一句,也没上心,没想到埋下了这么大的隐患。真是后悔没有早点儿提醒孩子,不要轻易接受别人的馈赠。

——来自妍妍妈妈的分享

💡 点对点,真知道

◎ **身**:在小学生的认知中,你给我东西、我辅导你学习属于等价交换。因此,在没有触及双方利益时,妍妍和大鹏这种相处方式并没有什么问题,可当一方的诉求没有得到满足时就会引发冲突。

◎ **心**:妍妍的心态随着时间发生了一系列变化。从最开始有些不好意思到不忍心看大鹏失望,再到心存侥幸,直至最后的心安理得。

◎ **育**:我建议妍妍妈妈先帮助女儿正视自己不妥当的行为,再鼓励她主动解决这次的矛盾。先跟大鹏开诚布公地谈一次,坦然面对自己收礼物的事实,对大鹏的慷慨和善意表示感谢;再表明自己希望和大鹏友好相处的意愿;还要明确自己在考试时不能违反规则的立场,同时提出可以在课后帮助大鹏重点补习一下他的弱项;最后,告诉大鹏,自己家里的文具已经很多了,不能再无故接受他的礼物了,但她还是会力所能及地帮助他,并且依然跟他做朋友。

是什么

诱惑的本质

你是否有过这样的经历：有一些行为你明知道不妥，可就是忍不住想去做；有一些欲望你也感觉不太好，但还是想先满足了再说。在行动之前，你头脑中经常会出现两个势均力敌的声音。一个声音说，这样做是不对的，马上停止吧；另一个声音说，先享受吧，对不对的没有那么重要。

这些心理上的自我交锋、踌躇不定都是面对诱惑时的正常反应。

《现代汉语词典》关于"诱惑"的解释有两条：1. 使用手段，使人认识模糊而做坏事；2. 吸引、招引。

在第二个解释中，"诱惑"被定义为一个中性词，是在日常生活中经常被使用到的一种中性表达；而第一个解释中，诱惑则是指刻意引诱人做坏事的贬义词。如果一个人被诱惑着做了坏事，则最终不会有好的结果。因此，本文所说的诱惑侧重于上述概念中贬义的那一种。

《剑桥词典》对"诱惑"的解释是：想做或想拥有一些事情的愿望，而这些事情是你知道自己不应该去做或拥有的。

这个释义里面包含了两层基本意思：

第九章 抵制诱惑是避免危机发生的利剑

第一，你想要做或想拥有。

昊昊在幼儿园时特别喜欢各种玩具，尤其是玩具车。妈妈规定，每个月只能买一次玩具，且每次不能超过100元。有一天放学回家的路上，昊昊发现商场橱窗里摆着一辆漂亮的玩具车，就拉着妈妈说他想要。

妈妈拒绝了昊昊，理由是上周刚给他买过一台变形金刚的模型，本月的玩具配额已经用光了。况且家里已经有一大箱玩具车，没必要再买一辆差不多的。

昊昊知道妈妈说得有道理，但他还是很想要那辆玩具车。最后，他在橱窗前站了很久，目光一直紧紧盯着眼前那辆小玩具车。

第二，你知道是不应该的。

也就是说，在面对诱惑时，大部分人并不是从一开始就一意孤行，而是会有一个犹豫的过程。

从昊昊紧盯着玩具车的眼神中可以看出他被强烈地吸引着，但是他并没有不依不饶地让妈妈买下来，说明他知道至少这个月不应该再买了。从昊昊不哭闹却又挪不动脚步的行为中就能感受到他内心的纠结。

物质诱惑和精神诱惑

诱惑可以是豪华的珠宝、气派的豪宅、丰盛的大餐、昊昊眼中的玩具车、妍妍（本期"曼云会客厅"嘉宾的女儿）得到的小礼物等。诱惑也可以是别人投来的羡慕的目光满足了自己的虚荣心；想要的物质得到后的那种获得感；名望、地位、权势带来的满足感；因为一些语言感受到被理解，甚至是某些行为带来的愉悦和刺激等。

前者是物质上的诱惑，后者是精神上的诱惑。物质的诱惑通常显而易见，很容易识别，精神的诱惑则更为隐蔽一些，甚至被诱惑的本人也难以识别。

173

抵制诱惑的品格

能成为诱惑的东西大多是极具吸引力的，因此人们往往难以抗拒。

人们的理智会和内心的欲望抗衡。

诱惑占据上风时，人们就会屈服；而当理智逆风翻盘时，人们会选择克制。

并不是所有人在诱惑面前都会放弃坚守初心。

古有《后汉书》记载的乐羊子妻，用"志士不饮盗泉之水，廉者不受嗟来之食"，成功劝退乐羊子拾取意外之财。

今有毛主席在《别了，司徒雷登》一文里写道："我们中国人是有骨气的……闻一多拍案而起，横眉怒对国民党的手枪，宁可倒下去，不愿屈服。朱自清一身重病，宁可饿死，不领美国的救济粮。"

这些不在诱惑面前迷失自我的人，往往具备了不贪不惧、宁折不弯、高度自控、意志力坚强等品格，这些品格可以帮助一个人有效抵制诱惑。

为什么

父母为什么要培养孩子抵制诱惑的品格？因为日常生活中诱惑无处不在，而诱惑的背后则是难以预料的代价。

诱惑反映内心的欲望

诱惑在某种层面上暴露出人们内心的欲望。

如果一个人的内在需求经常得不到满足，那么内心的空缺就会成为他人性上的软肋，促使他想方设法来填补欲望。

有些人幼年时家庭贫困，物质需求也经常得不到满足，这导致他们在成年后对金钱格外看重，严重者甚至不惜违法犯罪也要捞取钱财。

也有些人，在学习、生活、工作时都很理性，唯独交的朋友、找的伴侣令人费解。外人都能够明显看到他们在亲密关系中表现得很卑微，但他们自己却甘之如饴。只因为他们需要小心翼翼维持稳定的关系，以此来安放之前对关系破裂的恐慌感。

人们擅长自我开脱，有时甚至能够对自己进行洗脑。他们会不自觉地为自己的行为辩护：

我知道无端接受财物不对，可是不收钱我怎么养得起一家人？家里老人要养、孩子要接受好的教育、房子要换大的，说到底，我还不都是为了这个家吗？

我借钱买名牌包并不是因为我虚荣，而是这个包能够让别人高看我，从而为我带来更好的工作机会。

同时，人们也常常会表现出验证性偏差，即他们总能找到那些能够证明自己正确的理由，而刻意忽略那些指正他们错误的信息。于是，许多人一步一步走向诱惑的深渊却仍不自知。

诱惑无处不在

仔细想想，你就会发现，自己的生活中也经常发生和本章开头提到的妍妍的故事类似的情况，因为这就是很多诱惑的打开方式。一件看起来没有多少坏处的"好事"、一段不需要自己付出过多的关系、一点儿小小的利益，当你一旦接受后，刚开始你并不会觉察到有风险，等你安全无虞地持续上一段时间后会渐渐放松警惕，甚至形成习惯。直到最后，需要付出代价时才猛然警觉。

但是，并不是所有人都像妍妍一样，拥有终止的勇气和改变的决心。

不具备抵制诱惑品格的人可能会深陷其中而不能自拔，在满足欲望的道路上越走越远；也可能会因为被困住而无法脱身。

诱惑的背后是代价。

诱惑之所以能够吸引人，是因为它时常富有迷惑性。

有一天，我和女儿谈论诱惑的话题，她问了我一个问题："妈妈，五颜六色的糖果对牙齿不好，美味的垃圾食品对身体不好，就连五彩斑斓的蘑菇也可能有毒……为什么那些实际上有害的东西看起来总是那么美好呢？"

女儿的话虽是童言童语，却直指核心。

的确，诱惑之所以如此有"魅力"，是因为它总是展露给人们美好的一面。

它只显示出那层甜美的外衣，而不显现包裹在蜜糖下面需要负的责任与代价。

它就像童话故事里有毒的红苹果，外表看上去可口诱人，殊不知毒药却暗藏其中。

比如，人们也知道过度饮酒不好、酒后驾车违法，可是面对在欢笑和团聚中碰杯的快乐，他们在当时很少会去考虑因酗酒而导致的肝硬化和酒驾出车祸后的血肉模糊。

那些违法接受利益诱惑的人更是沉迷于一时享乐，不去管东窗事发后被毁灭的人生。

因此，培养孩子抵制诱惑的品格是父母重要的家庭教育任务。

怎么办

在成年人的社会中，抵制诱惑也是人们常常需要面对的课题。父母在孩子成长的过程中有意识地去培养他们面对诱惑时的品格，就能增强孩子抵制诱惑的能力。父母可以通过"三分"的角度，扩大孩子对诱惑的认知半径，使孩子在抵制诱惑时具备基本的评估能力、较高的意志力和自控能力。

身：了解诱惑糖衣下面的危害，增强风险意识。

心：了解自己的欲望和脆弱之处，学会自我和解。

育：多了解社会规范和高尚的行为，用道德增强自控力。

身：诱惑是个系统，要识别背后的风险

许多人在面对诱惑的时候总是看到光鲜亮丽的一面，而忽略了阴影的那一面。光鲜的一面往往代表着短期收益，而阴影那一面则和长期的损失联系在一起。

因此，抵制诱惑的第一步，就是让孩子学会在面对诱惑时评估，自己是否能够承受住阴影那一面可能带来的长期损失。在诱惑当前时，只有全方位权衡利弊，才能保持清醒，避免因一时短视而落入长久的陷阱中。

小越今年13岁，刚上初中二年级，爸爸是大学老师，一家人住在学校家属楼的一层。

大洋今年28岁，待业在家，爸爸也是大学老师，他和父母一起住家属楼的四层。这一大一小两个男生虽然是邻居，但年龄相差很大，原本并没有交集，但他们却在小越初一放暑假时成了好朋友。原来是两人无意中成了游戏队友，这个假期小越跟着大洋组队打游戏，胜算大大提高，在游戏圈里也成了被人小小仰视的存在。这前所未有的体验让小越感到很自豪，也对大洋越来越崇拜。

马上就要开学了,小越却不想去上学了:"妈妈,我不想上学了,开学给我请假吧!"

妈妈乍一听有些紧张,生怕孩子直接辍学了。为了避免谈话不欢而散,妈妈干脆就说自己有事,要先出去一趟。妈妈在外面走了走,等回来时已经冷静了,就主动找小越聊一聊。

"按说初一是最累的,你都适应得很好,怎么到了初二又打退堂鼓了呢?"平静下来的妈妈好奇地问。

"上学每天要花大量的时间学习,成绩也不见得提高多少。这最近打游戏,我发现根本不用那么努力,可以找大佬带,可以多花点儿钱买高级装备,有好多弯道超车的机会。再说了,上学有什么用呢?您看大洋哥哥都大学毕业了,不也没上班。他打游戏带新人,不用自己花钱,就有人给他送装备,大家都叫他'洋王',别提有多威风了,连带着大家对我都很客气呢!"

妈妈明白了,原来小越被在游戏中轻易能成功和被人尊敬的感觉吸引了。

妈妈又问:"那你知道大洋靠什么生活吗?"

小越愣了一下,显然没有想过这个问题。犹豫了一下,他嗫嚅道:"在家生活也不需要花什么钱吧,我看他吃得挺胖的!"

"胖可不是健康的表现。大洋上学的时候就喜欢玩游戏,那时候没有智能手机,他就去网吧,后来没考上大学,只上了一个技术学院的大专。毕业后找不到工作,就去他爸爸的实验室打打下手,每个月拿一点儿工资。但他爸爸前年退休了,他就跟着回家了。我每次见到他妈妈,她都是愁容满面地担心大洋的未来。"妈妈尽量客观地跟小越描述大洋的境况。

"就是四楼那个总是皱着眉头的老奶奶吧!"小越插嘴道。

"对,其实她也就60多岁,没那么老。"妈妈纠正完又把话题拉回来,"那你也可以想象一下,大洋好歹还上了个大专,你如果现在就不去上学,未来靠什么生活呢?"

小越家曾经讨论过"啃老族"这个话题,小越从心底里是不认同啃老的,所以他有些纠结了。

妈妈接着问:"被人尊重的感觉的确是挺好的,那在你们学校里你觉得谁最受尊重呢?"

"我们班的语文老师!"小越这回接得很快,"她可是语文特级教师,课讲得好,字写得棒。人也特别好,对待我们总是很温柔,别的语文老师来向她求教,她也从不推辞。我看就连我们校长见到她都很尊敬呢!"

"嗯,你们语文老师在现实生活中被敬重,大洋哥哥在游戏里被推崇。你未来更希望得到哪一种尊重呢?"

小越并没有马上回答,但他明白了妈妈的意思,回到房间开始重新思考。

从那以后,小越虽说没有完全放下手机,但再也没有提过不上学的事,也没有因为玩游戏而耽误过功课。而妈妈也和爸爸一起更加关注小越在学习中遇到的困难,及时给予支持。

好多在游戏中称王称霸的人在现实生活中能力一般,也没有什么朋友。前面故事中的大洋就是如此。这是因为,在精心设计的游戏中,攻击带来的刺激感、前方目标的吸引、闯关成功的成就感、被低级别仰视的骄傲……能使人同时有多方面的特别体验。如果一直保持这个状态,身体会因为长时间高度紧张而功能失调,甚至有人因为打游戏时间过长而猝死,心理也会因为总是处在虚无的世界当中而难以适应现实。

小越妈妈并没有被儿子突如其来的"厌学"引爆,而是先控制住了自己的情绪。小越的家庭中本来就有开家庭会议的习惯,所以母子俩能够顺畅地沟通。在这个基础上,妈妈先理解了小越打游戏的收获,再帮他系统地看到只打游戏的未来,又和儿子聊到学校里的语文老师,让他知道了真正的被尊重是什么意思。最后,妈妈和小越一起面对学习中的困难,并施以援手。

在妈妈的引导下,小越看到了"躺平"背后可能要付出的代价,继而战胜了这次的诱惑,学会了对一件事情系统思考后再做出选择。

孩子快速成长的同时也在快速吸收周围的信息,他们在面对人生路上的各种风景时都可能被新奇的体验所吸引。谁都不能保证孩子的未来永远是坦途,他也许会走进一场聊斋奇遇，被花开如海、金碧辉煌所迷惑，一觉醒来才注意到所处之地不过是孤坟野庙、荒山鬼窟。

培养孩子面对诱惑时的品格，要让孩子明白天上不会掉馅饼。有利当前，要用系统的视角想一想，获得这份"幸运"究竟需要付出什么样的代价。这就能帮助孩子培养出在遇到诱惑时冷静思考、系统评估、识别风险的能力和品格。

心：给心灵留点间隙，和欲望和解

诱惑是反射人们内心需求的一面镜子，面对诱惑，也是能够正视自身欲望、与自己的欲望和解的过程。

对于大千世界来说，每个人都是脆弱的，尤其是未成年的孩子。谁都想做一个由内而外都无坚不摧的人，可是生而为人，又有几个人敢拍着胸脯保证自己的内心坦坦荡荡，面对诱惑从来没有动摇过？

我相信每个孩子其实都想行走在正确的道路上，做正确的事情，但也都有被诱惑的时候。比如，孩子有蛀牙，却又忍不住偷吃了几块糖。当孩子能够坦诚告诉你时，不要发火、责骂、没收糖果，而是要感谢他对你的信任，鼓励他能向你坦白的行为。这说明他知道，即使自己做了错事，也可以跟你坦白。这种安全感是坦诚的基础，是孩子在面对诱惑时能够正视自己欲望的前提。

接下来，你可以找一个相对轻松的环境，来一场平等的对话。你可以告诉他：被诱惑是可以理解的，你并不会因此而轻视他。

小达（10岁，男）家住在六层，没电梯的老楼房里。

他从小就喜欢吃水果，特别是橘子。

有一天晚上爸爸下班，气喘吁吁地刚进家门，就看到儿子堵在门口："爸爸，家里的橘子吃完了，您帮我到楼下超市买点儿吧！"

爸爸一想到刚爬上楼就要再下楼，就有点儿不乐意，于是随口敷衍儿子：

第九章 抵制诱惑是避免危机发生的利剑

"现在时间太晚了，人家超市都已经下班了，明天再买吧！"

没想到小达却没被糊弄住。爸爸话音刚落，他就跑到窗边，往外探头一看，然后转头对爸爸说："楼下小超市的灯明明还亮着，我都看见了！"

这下子爸爸脸上就有点儿挂不住了，一时竟还有点儿恼羞成怒，便对儿子发起了火："吃吃吃，你都多大人了，还整天就知道吃！作业做完了吗？课文背会了吗？有时间支使你爹给你买橘子，还不如多关心关心自己的学习！"

小达被吼蒙了，等反应过来，眼圈开始泛红。

爸爸一看火更大了，"哭什么哭！'男儿有泪不轻弹'，多大点儿事，你就在这儿抹眼泪！忍住，不许哭！"

听了这话，小达非但没忍住，反而更委屈了。爸爸看着心烦，索性也不理儿子，一个人回卧室休息去了。

过了一会儿，妈妈回来了。一看到直抹眼泪的儿子，妈妈就赶快拉着儿子的手安慰。

交流过后，妈妈知道了前因后果，说："我儿子从小看见橘子就走不动路，你刚才肯定是特别想吃。爸爸不该对你发火，这件事是他不对。不过爸爸之前也对你说了，他加班一天很累，不想动了，你还要他下楼买橘子，你是不是也没有体谅爸爸啊？"

"我也看到爸爸好像挺累的，但我就是特别想吃，想着万一爸爸同意了，我就能吃到了。"小达有点儿不好意思，又有点儿委屈。

爸爸已经在卧室门口听了一会儿了，这时走过来摸了摸儿子的头，说："你妈妈说得有道理，刚才爸爸有点儿累，脾气不好，向你道歉！"

小达也不委屈了，想了想说："我只想着吃到橘子，明知道爸爸很累还提要求，是我不对！"

不过他还有些不解："爸爸说男孩子不能因为一点儿小事就哭，可是我难过的时候就是忍不住，怎么办？"

妈妈想了想，回道："'男儿有泪不轻弹'其实是一种死板的束缚，要我说，不管是男孩还是女孩，想哭就哭，想笑就笑。你爸上次做饭时头磕到橱柜的角上，也眼泪汪汪地直叫我看有没有破呢！"

"还真是，我也会疼出眼泪，不过最后我深呼吸转移注意力之后，疼痛就减轻了。"爸爸分享经验。

小达佩服地看着爸爸："您真有办法！"

小达向爸爸表达了他的愿望，被拒绝后，他流露出脆弱的一面。

爸爸开始用发火、指责、扩大问题等方式解决冲突，显然没有效果；妈妈的接纳、理解让小达能够面对自己的脆弱；爸爸最后的理解也让小达能冷静地面对自己为了满足欲望，一味地向他人提要求的行为。

当父母能够理解孩子的内心需求时，孩子也会和欲望和解。

当父母能够接纳孩子的脆弱时，孩子也不会铁板一块，有间隙的心灵会因有更多可能性而自我包容。

这些都是被诱惑时能够勇敢面对、内心软弱时依然能够有余力增强意志力的品格。由此我们还可以看到，在面对诱惑时，家人的理解和支持非常重要。

育：遵循道德的指引

你也可以像前文小越妈妈那样聊聊他人相似的经历，或者分享自己相关的经验。孩子可以在这个过程中学习到他人好的方法，甚至有朝一日能够成为他抵制诱惑的工具。

除此之外，家长还要充分让孩子认识到他生存环境中的社会道德规范。

安徽郎溪，曾发生过一件令人暖心的事。

一家超市的老板因有急事离开，临走时忘记了关店。第二天回店后，他在柜台上发现了好多张陌生人留下的纸条：

"您好，拿了两瓶矿泉水，支付宝付了4元，看您不在店内。"

"您好，拿了一个袋装泡泡糖2元和一杯奶茶5元，付了7元。"

"您好，付了20元，拿了4盒5元的泡面。希望您下次能在店里！"

……

原来，超市老板是当地蓝天救援队队长他，当天接到搜救指令后便匆匆离开，卷帘门也没来得及放下，只是将超市的电动门关闭了。

不料，当晚商铺跳闸停电，电动门恢复供电后自动打开了。

超市老板之后又查看了店内的监控视频，他才发现昨天店里曾经出现过一幕幕暖心的画面。

这些顾客买完东西后，除了留下纸条，还都不约而同地举起商品向店内摄像头示意。有几位活泼的顾客甚至还对摄像头比出了"耶"的手势。

面对无人看管的超市，顾客没有顺手牵羊，这是道德的力量。

德国哲学家康德有一句名言：有两种东西，我对它们的思考越是深沉持久，它们在我心灵中唤起的惊奇和敬畏就越历久弥新，它们一个是我们头顶浩瀚璀璨的星空，另一个就是我们心中崇高的道德法则。

人们被诱惑时之所以纠结，是因为欲望和道德的对立。对社会道德的认识越深刻，犹豫的天平就越不会向诱惑倾斜。父母可以通过讲故事、分享社会真实现象等方式扩大孩子的道德认知范畴，用道德的力量帮助孩子抵制诱惑。

品格的力量

在品格篇里，虽然我只从孩子成长过程中最常见的面对挫折、接受挑战、抵制诱惑三个角度阐释了品格，但并不代表其他高尚的品格不重要。

陶渊明不向往功名利禄，有"采菊东篱下，悠然见南山"的洒脱；周敦颐拥有"出淤泥而不染，濯清涟而不妖"的出尘心态；孟子有"富贵不能淫，贫贱不能移，威武不能屈"的节制和坚毅……这些都是有魅力的品格。

英国著名的作家和社会改革家塞缪尔·斯迈尔斯于1871年在英国出版了《品格的力量》。这本书在全球畅销100多年依然被誉为"文明素养的经典手册"。

作者在书中强调了品格是个人和民族的力量源泉，哪一个民族如果不再崇尚和奉行忠诚、诚实、正直和公正的美德，它就失去了生存的理由。而家庭则是塑造一个人品格的第一所也是最重要的一所学校。

培养孩子具备高尚的品格，因为这些品格能帮助他战胜困难、拨动良好关系的心弦、赢得人们的尊重。

欣大侠的小故事

有一次，一位医生朋友来我家做客。

我们聊着聊着，话题就转到了养生、减肥上。朋友感叹，那些小年轻搞什么身材焦虑，真正该焦虑的是我们这类中年人才对。人到中年，消耗的热量赶不上吸收的，一不小心就胖了。之后，她顺便科普了一下肥胖的危害以及BMI数值。

我们谈话的时候，欣欣一直坐在一边旁听。等到那位朋友离开后，欣欣立马跑回自己房间，拿着手机像是在查找什么。

过了一会儿，欣欣面色沉重地走了出来。

她往我身上一靠，说："妈妈，我刚才发现了一个令人震惊的事实。"

"什么事实？"我有些好奇。

"我超重了！"欣欣语气沉重，仿佛世界末日将至。

我看了看欣欣肉嘟嘟的小脸，在亲妈滤镜的加持下，我脱口而出道："你不胖啊！"

"我刚才算过了，按照BMI的标准，我的确超、重、了！"欣欣一字一顿地强调。

我瞬间明白过来："哦？那你打算怎么办？"

第九章 抵制诱惑是避免危机发生的利剑

"我要减肥！再这样下去，下半学期的体能测验我肯定会不及格的！"欣欣下定了决心。

果然，连着几天欣欣都不再碰"大菜"，不仅只吃青菜，主食还减量了。

只不过，她会时不时地瞄一眼红烧肉，眼神里有说不出的幽怨。

到了周末，奶奶和姑姑带欣欣出去玩。傍晚，欣欣回家后，她很是羞愧地向我坦白："妈妈，我今天破戒了！"

"你怎么就破戒了？"

"呜呜呜，我晚饭整整吃了两盘烤肉！"欣欣捂着脸趴在了沙发上。

"你正是成长期，身体需要营养，吃点儿肉也无妨！"我坐在她身边安慰她。

"奶奶也是这么说的！"听了我的话，欣欣突然起身，愤愤地说道，"所以我才一不小心吃多了！"

紧接着，她开始回忆："您是不知道我这顿晚饭吃得有多险恶！我刚说要减肥，不能多吃，奶奶和姑姑马上就开始轮番给我夹菜。奶奶刚说'减什么肥，正是长身体的时候'，姑姑马上就接了一句'多吃点儿，吃饱了才有力气减肥'，眼前的肥牛还在烤盘上滋滋冒油，那味道还一个劲儿地往我鼻子里头钻！我一不小心就被香昏了头脑，等反应过来时我已经要开始吃第三盘了。没抵制住诱惑绝对不是因为我意志不坚定，而是'敌人'实在太狡猾了啊！"

两位长辈全方位的诱哄，以及蛋白质在高温炙烤下散发出来的焦香让她背叛了早先的誓言。回忆起几个小时前的"不堪往事"，尤其是那两盘烤肉，欣欣垂头丧气地问我："妈妈，我是不是特别没用？连减肥都做不到！"

我发现了她的消极想法，马上开始开导她。

"减肥这件事对成年人来说都很困难，你不能因为一次失利就全盘否定自己。再说了，你抵挡不了美食的诱惑其实是很正常的。咱们家的家庭文化就是认为享受美食是一件很幸福的事情，突然让你每餐都清汤寡水，你坚持不下去也是意料之中。"

欣欣若有所思地点了点头。

我接着说："控制体重不代表就要饿肚子。健康的做法是膳食合理，同时搭配适量的运动。我们既要减肥，也要吃饱吃好。你说对不对？"

"有道理。"听了我的话，欣欣如释重负，"那麻烦您这段时间帮我好好做几顿好吃的减肥餐吧！"

"这点儿小要求当然可以啦！"我笑着同意了她的请求。然后我又问她："那你呢，你是不是也该做点儿什么啊？"

欣欣拍拍胸脯说："我以后每天都要保持好心情，好好吃饭、好好运动。一会儿我就下楼跑几圈，把今天多余的热量给消耗掉。"

☆ 我想与您分享 ☆

身：在我接触过的孩子中，无论年龄多大，美食对他们的诱惑无疑都是无敌的。当面对美味时，他们的脸上流露出来的是最真、最纯的笑容。所以，对于欣欣来说，即使需要减重的理智还在，但佳肴当前还是情难自控。

心：当欣欣发现自己有些超重时心里产生了压力，这个压力随后化作了行动的动力。当她开始减重却又没有经受住烤肉的诱惑和其他人游说时，并不是只有享受的快意，还有"破戒"后的懊悔和自责。

育：是不是培养了孩子坚毅的品格，他们就一定能抵制住任何诱惑呢？当然不是，这也是我想跟你分享欣欣这次"失败案例"的原因。

"品格"一词在希腊语中的本义是"用棍子雕刻"。

从词源上我们就可以感受到品格是可以被人为塑造的。一个人，无论年龄和经历如何，塑造品格都是他一生的事业。我正因为知道这一点，所以并不会因为欣欣一次没做到就斥责她不够坚毅，而是会理解她因为环境"所迫"才没抵挡住诱惑。她由于在家庭中拥有足够的安全感，才敢于向我坦言她的"破戒"。

同时，我还会注意不让她因自己的行为而产生过多自责、内疚等负面情绪，适时地做了一些认知层面的积极建设。

其实，所有的品格都具有可塑性。因此，父母大可不必为孩子当前的状态不够理想而沮丧。我们可以在家庭里通过每一天跟孩子点滴之间的互动、每一个事件的考验和打磨，逐渐塑造出孩子良好的品格。

家庭教育真知道

第一AA

原则篇：家庭教育基础
① 无条件的陪伴
② 接纳·尊重
③ 合作·共赢

氛围篇：家庭教育理想园
④ 有魅力的教养
⑤ 兴趣的魔力
⑥ 游戏的力量

文化篇：家庭文化
⑦ 家庭规则
⑧ 家庭时间
⑨ 家庭仪式感

第二AA

冲突篇：冲突→成长
① 直面竞争
② 冲突管理
③ 化解冲突

教养篇：教养——家庭名片
④ 行为习惯
⑤ 与人相处
⑥ 榜样力量

品格篇：好品格赢未来
⑦ 跨越挫折
⑧ 迎接挑战
⑨ 抵制诱惑

第三AA

成长篇：独自出发
① 生命教育
② 提升适应性
③ 养育的力量

格局篇：不设限
④ 用"心"走世界
⑤ 用"思"接收信息
⑥ 用"阅"打破壁垒

社会化篇：走向未来的力量
⑦ 亲密关系
⑧ 职业生涯
⑨ 值得尊重的人